改訂版
デジタル資産と電子取引の税務

税理士 戸村涼子 著

日本法令

改訂版　はじめに

　1980年代から始まったインターネットと、その後のテクノロジーの急激な発展により、私たちの生活に大きな変化がありました。

　それは、デジタルデータの増加です。いまや私生活でもビジネスでも、目に見える有体物ではなく、目に見えないデジタルデータをやりとりするケースのほうがメインとなりつつあります。

　デジタルデータには、さまざまな種類があります。PC（パソコン）やカメラなどのデジタル機器に保存されている文書や写真ファイルなどは、比較的イメージしやすいでしょう。一方、ここ10年ほどでスマートフォン等のデバイスの登場により増加しているのが、インターネット上に存在するデジタルデータです。たとえばオンラインの銀行口座、証券口座、FX口座、電子マネー、暗号資産などの金融データの他、Webサイト、動画、SNSアカウント、NFT、ゲーム内トークンなど資産としての価値が不透明なものもあります。これらの中には、税務上検討が必要な「デジタル資産（財産）」も含まれています。

　デジタル資産の増加に伴い、インターネット回線を通じてデジタルデータを取引する「電子取引」も爆発的に増加しました。インターネットでできることが飛躍的に増えたのです。

　このように、社会は急速にデジタルをメインとした社会へと移行しましたが、税制は大部分が「モノ」の取引を前提として作られています。したがって、デジタル資産・電子取引をそのまま現状の税制にあてはめることが難しい部分もあります。実際、筆者もお客様からの相談で判断に迷うことが多くあります。しかし、今後さらなるデジタル社会へと移行するにあたり、この論点は外せないものです。

本書は、デジタル資産・電子取引の税務に強くなりたいという税理士の方を対象に、デジタル社会への移行に伴って生じる税務上の論点について、実例を踏まえて紹介するものです。

　2021年6月に本書の初版が出版された当時、「デジタル資産」という言葉は、今ほど一般的ではありませんでした。一方、亡くなった方のデジタル資産（遺産）に関する税務上の取扱いが不透明であるなど、潜在的な問題が既にあったのです。本書の初版は、法制度の枠組みが整っていない中、いち早い税務の解説書を目指したチャレンジングな内容でした。

　初版発行から約2年経過しましたが、その間この分野では大きな進展がありました。初版の執筆時に登場したNFTが瞬く間にブーム化し、ブロックチェーン技術による次世代のインターネットのあり方を「Web3」と表現することが一般的となりました。当時一部のギーク（その分野で突出した知識がある人のこと）しか利用していなかった暗号資産やNFTを利用する人が増え、さらには政府も世界のWeb3の流れに遅れまいと政策を進めています。当時不明瞭であった暗号資産やNFTの税務上の取扱いも、国税庁のQ&Aを通じて明確な見解が発表されました。

　筆者のもとにも、この2年間でデジタル資産に関わるセミナーや執筆依頼が増えました。税理士の方からだけでなく、某大学で本書初版がテキストとして使用され、かつオンライン講師として招かれるなど、税理士以外の方からも反響がありました。あるIT起業家のDAO（分散型自律組織）に招待され、その税務に関するアドバイザーを務める経験もしました。

　改訂版では、この2年間での動きを踏まえた上で、直近の税制改正、最新版の国税庁Q&Aに対応した内容となっています。

本書の構成は、以下の通りです。

第1に、本書で取り扱う「デジタル資産」「電子取引」の定義を確認します。

「デジタル資産＝暗号資産＆NFT」といった見解もありますが、本書ではデジタル資産を「目に見えないデジタルデータで、資産性のあるもの」と大きく捉えて解説します。

電子取引については、近年注目されている電子帳簿保存法との関係を踏まえ、実際にどのような取引があるのか、具体的な例を挙げて解説します。

第2に、デジタル資産のビジネス・投資の税金の実務的な留意点を解説します。

具体的には、社会のデジタル化・働き方の多様化によって可能となった、デジタル資産を活用したビジネスの所得税・法人税を確認します。主に、暗号資産、NFTを使ったビジネスの他、YouTuberやブロガーなど従来から盛んなインターネットを主流としたビジネスについても解説します。企業の副業解禁等により、今後も個人・小規模企業を中心としたビジネスは盛んに行われると考えます。これらのビジネスの仕組みと、税務上気をつけるべき論点を解説します。

第3に、デジタル資産を譲渡した場合の税金（法人税・所得税）を検討します。

まず、デジタル資産の譲渡が課税の対象となるか検討します。次に、実際にデジタル資産の譲渡が行われた場合の税務を検討します。

第4に、デジタル資産・電子取引に関わる消費税の取扱いを検

討します。

　消費税は、「どこで」消費が行われたかが重要です。しかし、デジタル資産・電子取引は目に見えないものであり、国境を軽々と越えてしまうため、「どこで」消費が行われたかを判定することが困難です。そこで、電子取引と関係の深い、平成27年に創設された「国境を越える電気通信利用役務の提供」に係る税務を確認します。次に、具体的なデジタル資産・電子取引を例に、消費税の取扱いを検討します。また、デジタル社会における、仕入税額控除の要件、本年から始まるインボイス制度のあり方についても整理します。

　第5に、デジタル資産の相続税・贈与税を検討します。

　従来は、目に見える有体物（土地・建物などの不動産、金庫の中の現金、紙の通帳で管理される預貯金、骨董品など）を確認すれば、故人の財産の大枠を把握することができました。一方、デジタル資産が増加した現代は、有体物だけでなくPCやスマートフォン等のデジタル機器の中やインターネット上に存在するデジタルデータも確認しないことには、故人の全財産を把握することが難しくなってしまいました。しかし、デジタルデータを確認するためには、パスワードの問題をまず解決する必要があります。中には家族がデジタルデータを確認するために何度もパスワードを入力してしまい、すべて消去されてしまった事例もあります。このような問題に対してデジタルフォレンジック（デジタルデータが保存されているデバイスに記録されている情報の分析調査）を行う業者も、近年注目を浴びています。プライバシーも含め、この問題は今後増えていくでしょう。

　本書では、まず各デジタル資産が相続税・贈与税の課税対象となるのかを検討します。次に、デジタル資産の相続・贈与が行われた場合の財産評価の方法を検討します。

第6に、国境を越える電子取引の税務を検討します。

　現在の日本／世界のルールでは、事業所得について、事務所等の物理的な拠点 (PE) を基準に、その国で課税するかを決めています。しかし、電子取引の増加によって、物理的な拠点を持たずにビジネスを行うことが可能となったにもかかわらず、税制が追いついていません。また、二国間の税金のルールである租税条約はあるものの、各国によって税金の取扱いは大きく異なります。そのため、このような状況を利用して行われる租税回避が問題となっています。これは大企業だけでなく、小規模な法人・個人でも同様です。

　そこで、まず日本に拠点を持たない非居住者・外国法人の税制を整理します。次に、デジタル社会における現在の税制の限界を検討します。さらに、この問題を解決するために OECD（経済協力開発機構）が 2013 年に立ち上げた、BEPS プロジェクトの概要を整理します。具体的には、これまでの OECD 租税委員会の話合いの経緯、それを踏まえた日本での税制改正を振り返ります。最後に、国境を越える電子取引の具体的な税務を解説します。

　第7に、電子取引と深い関係のある電子帳簿保存法について検討します。

　なぜここで電子帳簿保存法に触れるかというと、電子取引の増大により、その重要性が高まっているからです。電子取引の場合、従来必要とされていた紙の請求書・領収書等が存在しません。データをデータのまま保存することが原則です。その要件となる電子帳簿保存法の理解が必須となるのです。

　これまでは、税務に関する書類は紙で保存することが原則でした。データで保存するためには、電子帳簿保存法に従った厳しい要件を満たす必要がありました。この結果、電子帳簿保存法を適用できる企業は大手に限られ、人・予算が足りない中小企業にとって、デジ

タル化を目指すのは難しい状況にありました。

　しかしこのような状況が近年、電子帳簿保存法のたび重なる改正によって変わりつつあります。今まで中小企業のハードルとなっていたデジタル化の要件が、次々と緩和されているからです。

　緩和の背景には、さまざまな要因があります。ひとつは、少子高齢化による人材不足を補うために、電子取引によるデジタル化を進める必要がある点です。さらに、2020年から流行した新型コロナウイルス感染症によるリモートワークの広がりも、政府がデジタル化を推奨する要因となっているでしょう。

　このような状況で筆者は、お客様と近い立場の税理士こそ、電子取引によるデジタル化をみずから進め、支援していくべきだと考えています。電子帳簿保存法によるデジタル化の要件は、一般の人が見てもわかりづらいため、ITベンダーとともに税理士がサポートする必要があります。

　そこで本書では、まず電子帳簿保存法の概要と近年の改正内容に触れます。次に、デジタル社会における電子帳簿保存法の実務上の課題を、具体的に検討します。

　最後に、実際に筆者が受けた相談を含む、デジタル資産と電子取引に関する相談事例集を紹介します。ネットビジネス、暗号資産投資、国境を越える電子取引、デジタル資産の相続・贈与等、近年のデジタル社会への移行を反映した相談が多く含まれています。イメージが湧きやすいかと思いますので、ぜひ参考にしてください。

2023年7月

戸村　涼子

もくじ

第3章
電子取引に係るデジタル化——電子帳簿保存法

第4章
相談事例

凡　例

所法　　所得税法

法法　　法人税法

消法　　消費税法

電子帳簿保存法　電子計算機を使用して作成する国税関係帳簿書類
（電帳法）　　　の保存方法等の特例に関する法律

電帳法一問一答　電子帳簿保存法一問一答（Q&A）（国税庁情報）

評基通　財産評価基本通達

・本書に記載の製品名は、各社の登録商標、商標、または商品名
　です。本文中では™ や ® 等を省略しています。
・本書に記載の内容は、2023 年 7 月時点のものです。

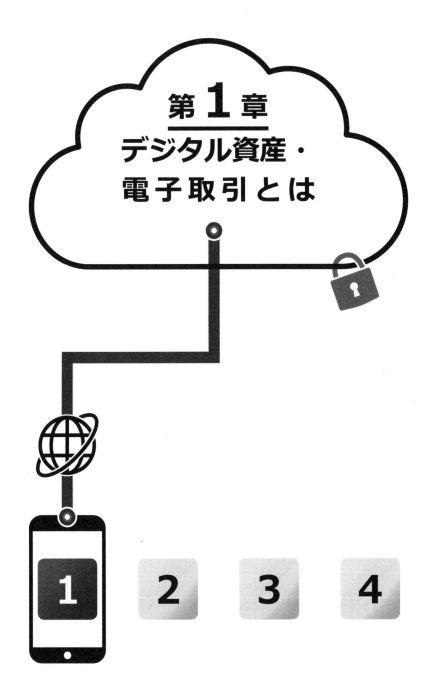

第1章
デジタル資産・
電子取引とは

第1節 デジタル資産とは

　そもそも「デジタル資産（財産）」に、確たる定義はありません。
　最近では、特に暗号資産・NFTを指してデジタル資産とするケースが増えています。デジタル庁の資料でも、「分散型技術台帳を用いたもの＝デジタル資産」としているものがあります（「デジタル社会の実現に向けた重点計画」令和4年6月7日など）。
　ただし、実務上課題になるのは暗号資産やNFTに限りません。本書では、これらを含め、「**目に見えない無形の財産**」を総称してデジタル資産として定義し、これを保存先別・形態別に整理します（便宜上の分類であり、必ずしもこれが唯一の分類方法ではない点、ご了承ください）。

① 保存先別分類

　まずは、デジタル資産の保存先（オフラインまたはオンライン）別に整理します（**図表1-1**）。暗号資産など、オフライン・オンラインいずれにも存在するものもあります。

図表 1-1 デジタル資産の保存先別分類

オフライン上のデジタル資産

オンライン上のデジタル資産

（1）オフライン上のデジタル資産

　オフライン、つまりインターネットに繋がれていない PC（パソコン）、スマートフォン、タブレット、デジタルカメラ、USB メモリ、SD カード等のデジタル機器とその中のデータです。

　デジタル機器そのものは、従来から相続財産として認知されていました。同様に、これまではそのデジタル機器の中に保存してあるデータも、デジタル機器と一体のものとされていたケースが多いと考えられます。つまり、データが存在していても、相続税・贈与税の対象になることは想定されていなかったと考えられます。

　しかし、現代において PC、スマートフォンは 1 人 1 台所有することは珍しくありません。その容量も以前と比較にならないくらい増えているため、これらの機器内のデータも無視できない状況となりました。中には重要な契約や権利のデータが保存されているケースもあるため、相続・贈与における場面では中身を把握することが重要です。

　特に、暗号資産や NFT を保管するウォレット（財布のようなもの）のように、金銭的価値が明らかであるものは真っ先に確認が必要で

しょう。

　ウォレットには、取引所が提供するアプリなどオンライン上のものの他、紙に印刷して保管するペーパーウォレット、デバイスに保管するハードウェアウォレット（ハードウォレットともいう）などオフライン上のものがあります。これらのウォレットは、秘密鍵（2つの鍵を使ってやりとりする公開鍵暗号方式で、自分だけしか持っていない鍵）、パスワード、リカバリーフレーズ（ウォレットへのアクセスができなくなった場合の復元ワード）で厳重に管理されます。特に物理的なデバイスで管理するハードウェアウォレットは、インターネットに接続されていない分、第三者がその存在を把握することが困難です。

（2）オンラインのデジタル資産

　<u>インターネット上に存在するデジタル資産</u>を指します。オフライン上のデジタル資産と比較して、近年飛躍的に増加しました。

　たとえば、インターネットバンキングを利用した銀行口座、ネット証券の口座、FX口座、取引所に保管した暗号資産、NFT、電子マネー、ポイントなどの金融資産のほか、ブログサイト・アフィリエイトサイト、電子書籍・音楽等のデジタルコンテンツなど多くのものが挙げられます。今後もこのようなオンライン上のデジタル資産が、どんどん増えていくでしょう。

　オンライン上のデジタル資産のうち、インターネットバンキングを利用した銀行口座、ネット証券口座、FX口座、暗号資産取引所の口座などの金融資産については、運営会社と所有者がはっきりしており、オンライン上にデータが残るため比較的把握がしやすいでしょう。所得税・法人税の計算上必要となる取引履歴も、各運営会社から入手することができます。また、相続税・贈与税の計算上も、

これらの金融資産の財産評価は、比較的かんたんに行うことができます。

　一方、上記の金融資産以外にもオンライン上のデジタル資産は無数に存在しており、その取扱いがいまだ不明なものが多いです。たとえば、広告収入を生み出しているデジタルコンテンツや、ロイヤリティが発生している電子書籍などです。

　まず、所得税・法人税の計算にあたってはこれらのデジタル資産を中心とした事業がどのように収益を生み出しているのか、事業の構造を把握することが必要です。さらに、これらオンライン上のデジタル資産が譲渡された場合の所得税、法人税、消費税の取扱いも検討する必要があります。

　次に、相続税・贈与税の計算にあたっては、まずサービスの運営会社（サーバレンタル会社、ASP[1] など）がある場合には契約関係を確認することが必要です。他人への相続・贈与を明確に禁止している運営会社もあります。とはいえ、規約があるからといって、それで税務上の問題が発生しない保証はありません（実際に、アカウント変更によるデジタル資産の相続・贈与は起こる可能性があります）。税務は税務として、別途検討が必要です。

② 形態別分類

　次に、デジタル資産を形態別に分類します。

---

[1] ASP……Affiliate Service Provider。広告主と広告掲載者の仲介を行う業者。

(1) 金融資産

　まずは<u>デジタル金融資産</u>です。特に相続・贈与の場面で、真っ先に確認する必要のあるものです。

㋐ インターネットバンキングの銀行口座

　インターネットバンキングの銀行口座とは、インターネット上で入出金の確認、振込み等ができる口座のことです。インターネット専業銀行の他、従来の銀行もほとんどがサービスを展開させており、銀行窓口に行く時間のない忙しい現代人には欠かせないものとなっています。

　もっとも、インターネットバンキングの銀行口座は従来の銀行口座（紙の通帳で管理する口座）と本質的に取扱いが異なるものではありません。税務の観点からはあらたな論点はなく、むしろ捕捉率が上がったことが変化といえるでしょう。口座がデジタル化されたことによって、事業活動にあたってはリアルタイムで取引情報を入手できるようになりました。また、相続・贈与の場面においても、インターネットの履歴から、すぐに口座の入出金の情報を知ることができるようになりました。

㋑ インターネット証券口座

　インターネット証券口座とは、インターネット上で株式やFX（Foreign Exchange の略。外国為替証拠金取引のこと）等の金融商品の購入、売却等ができる口座のことです。ここ数年でインターネット専業の証券会社も増加し、購入できる金融商品も増えました。中には人の手を介さず AI が自動的に投資をするロボアドバイザーなども登場し、一般の人も気軽に投資できる環境が整ってきています。

　これらも、従来の窓口や電話で取引をする証券口座と本質的に

異なるものではありません。インターネットバンキングの銀行口座と同様に、取引がデジタル化されたことによる、新たな税務上の論点はありません。

(ウ) 電子マネー・QR コード決済

　電子マネー・QR コード決済は、特定の企業が運営・管理するキャッシュレスの支払手段のことで、近年普及が加速しています。電子マネーの代表的なものとして、Suica や PASMO などの交通系電子マネーの他、iD、QUICKPay、楽天 Edy などが挙げられます。あらかじめ現金をチャージしておくプリペイド型、クレジットカードと連動して後払いになるポストペイ型があります。QR コード決済の代表的なものとしては、PayPay、楽天 Pay などが挙げられます。

　電子マネー・QR コード決済はチャージ上限額が定められており、比較的少額の決済に使われています。また、払戻しや譲渡・相続の可否については、運営会社によってバラバラです。たとえば PayPay の場合、最大の残高は 100 万円、1 日の支払可能金額は 50 万円までで、必要な手続きを経て確定した相続人を除き、契約を第三者に譲渡・相続させることはできないとされています（PayPay 利用規約より）。ただ、電子マネー・QR コード決済残高が相続税・贈与税の対象となることはあまり知られていないので、お客様とお話するときに共有しておいたほうが良いでしょう。

　事業環境の整備の面からは、これらのキャッシュレス決済によって大きな変化が生まれようとしています。

　そのひとつが、2023 年 10 月 1 日から始まる消費税のインボイス制度です。インボイス制度とは、消費税の仕入税額控除の要件に、インボイス登録番号等を記載したインボイス（適格請求書。

以下「インボイス」で統一）の保存を義務付ける制度です。この
インボイス制度をより円滑に行うために検討されているのが、イ
ンボイスをデジタル化する「電子インボイス」です。電子インボ
イスを実現するためには、電子取引が前提のキャッシュレス決済
が欠かせません。

　2つめが、**電子帳簿保存法**です。電子帳簿保存法とは、税務上
保存が義務付けられている帳簿書類を、紙ではなくデータで保存
することの要件について定めたものです。この電子帳簿保存法と
電子マネー・QRコード決済などのキャッシュレス決済について
は関連が深く、近年何度か改正が行われています（電子帳簿保存
法については**第3章**で詳しく見ていきます）。

㈢　ポイント・マイル

　ポイント・マイルとは、物品購入やサービス利用に応じて、購
入者に一定の条件で与えられる点数のことです。商品やサービス
に交換できる、そのままお金として利用できる、などさまざまな
特典が与えられます。これらのポイント・マイルについては、事
業活動で利用した場合の消費税の取扱いが特殊なため、注意が必
要です。また、電子マネー・QRコード決済と同様、払戻しや譲
渡・相続の可否については運営会社によってバラバラです。規約
を確認した上で、相続税・贈与税の対象となる財産として認識し
ておく必要があります。

㈣　暗号資産

　暗号資産とは、硬貨や紙幣のような実体を持っていない、イン
ターネット上でやりとりできる財産価値を指します。ブロック
チェーン技術（取引を暗号技術を使って複数の端末で分散的に記
録する仕組み）によって、高いセキュリティ力が維持されている

点が特徴です。

　2019年5月に改正資金決済法と改正金融商品取引法が可決・成立する前までは「仮想通貨」と呼ばれていました。つまり、「資産」という名前がついてはいますが、もともとは通貨、すなわち決済手段として主に使われることを目的とされていました。

　しかし、暗号資産は価格のボラティリティ（変動性）の高さ、決済の時間の長さにより、実店舗への導入があまり進んでいません。したがって、通貨というより資産としての側面が強くなっており、その点を踏まえた税務の検討が必要となります。詳しくは第2章で解説します。

(2) 金融資産以外のデジタル資産

　次に、金融資産以外のデジタル資産として、以下のものが挙げられます。

⑦　NFT

　NFT（Non-Fungible Tokenの略。非代替性トークンの意）は、ブロックチェーン上に記録される、所有者が誰かを証明できる唯一無二のデータです。画像や音楽データのほか、テキストなどあらゆるデジタルデータはNFT化できます。

　NFTには、何かの証明に特化し譲渡不可のもの（SBT；ソウルバウンドトークン）、特定の用途に特化したもの（ユーティリティトークン）、コミュニティに属すること等を目的とした投票権付きのもの（ガバナンストークン）など、さまざまな種類があります。

　NFTは、2021年に入ってから急速に注目を浴びました。当初は特に「NFTアート」に注目が集まり、海外で有名なアーティストのNFTが高額で落札されたことがきっかけで、日本でも

ブームが広がりました。

　NFT の一番の特徴は、デジタルデータという本来所有権がないものについて、「誰が所有しているか」を証明できる仕組みを取り入れ、価値をつけたことです。これによって、コピー可能なデータに大きな価値が認められるようになりました。NFT を売買できるプラットフォームで、自分の作品を販売してお金を稼ぐクリエイターの方が増えました。

　また、NFT は「ブロックチェーンゲーム」とも深く関係があります。ブロックチェーンゲームとは、ゲーム内で NFT を売買したり、暗号資産を稼ぐことができるゲームです。ゲームを通じて獲得した NFT や暗号資産は、ゲーム外で売買することによって法定通貨を得られることから、流行しました。日本でも 2021 年から 2022 年にかけて、ブロックチェーンゲームで暗号資産を稼ぐ方が増えました。

　これを受けて、NFT に関する税務上の取扱いが国税庁から発表されるに至りました。詳しい説明は第 2 章以降で行います。

(イ)　デジタルコンテンツ

　NFT だけでなく、さまざまなデジタルコンテンツは、インターネット上で売買することが可能です。たとえば、ロイヤリティが発生している電子書籍や有料の記事などです。これらは、書籍・雑誌などの「モノ」の形にする必要がないため、小規模事業者でも手軽に、インターネット上で販売できます。販売場所を提供する場であるプラットフォーム[2] と、そのプラットフォームを運営

---

[2]　プラットフォーム……ユーザーに役立つ便利な機能を提供する場。たとえば、Amazon のマーケットプレイス（主に個人が Amazon を通じて物販を行うことができるサービス）など。

するプラットフォーマー[3] も後押ししています。

　これらはあくまでプラットフォームから利用する権利を与えられているものですが、実態として譲渡や相続と同様のことが発生した場合の税務上の取扱いが不明瞭なものが多いです。そこで、これらの事業の内容と所得税・法人税の計算上注意するべき点、デジタルコンテンツの譲渡・相続が発生した場合の取扱いについて、<u>第2章</u>以降で検討します。

㋒　ブログサイト・アフィリエイトサイト

　近年、会社だけでなく個人でも、自分のホームページを持つことが気軽にできるようになりました。

　その理由として、インターネットの普及と、サーバを自前で持たなくても良くなったことがあります（サーバの一部分を利用に応じて支払う「レンタルサーバ」がメインです）。また、ホームページ構築に必要な HTML や CSS などのプログラミング言語を知らなくても、簡単にホームページを作成できるサービスの登場も理由のひとつです。

　ホームページを持つだけでは収益は発生しませんが、ホームページ上に広告を貼ることによって、その広告に何らかのアクション（訪問者がクリックしたときなど）が生じたときに広告収入が発生します。個人の日記のような Web ページ等に広告を貼る形式（ブログサイト）、他社の商品を紹介する形式（アフィリエイトサイト）など、さまざまなものがあります。これらを事業として個人で行う「ブロガー」「アフィリエイター」といわれる人たちもいます。これらの事業は Google 等のプラットフォーマーが深く関わっており、税務を行うにあたっては<u>仕組みの理解</u>

---

[3] プラットフォーマー……プラットフォームを運営する会社。

が必要です。

　さらに、注意したいのが<u>ブログ・アフィリエイトサイトを譲渡したとき、相続・贈与が発生したときの取扱い</u>です。もちろん、サーバを管理しているのは外部の運営会社である以上、ブログ・アフィリエイトサイトは個人の所有物ではないのですが、（運営をやめても広告がある限り収入が発生し続けるという）その特性上、収益を生み出すデジタル資産としての側面も見逃せません。このようなことから、特に相続・贈与の場面で問題が発生する可能性があります。

㈎　動　　画

　ここ数年でネット回線の速度が大幅にアップした影響もあり、個人の発信が、ブログなどの文章から動画へと移り変わってきています。個人だけでなく、会社が PR として動画を作り、発信する場合もあります。これらの動画は、ホームページ上に設置する場合もあれば、YouTube や TikTok など動画投稿サイトに設置する場合もあります。本書では、YouTube に設置された動画を中心に解説します。

　YouTube 動画は、視聴数がある程度伸びると広告収入が発生します。2023 年 5 月現在、チャンネル（ユーザーの動画がまとめられた場所）登録者数 1,000 人以上、年間総再生時間 4,000 時間以上であることが条件です。ジャンルによりますが、「1 再生あたり 0.1 円〜」の広告収入が発生します。YouTuber と呼ばれる人たちは、この広告収入により稼いでいます。1 回あたりの収益は少なくても、チャンネル登録者数が多いと月に数百万円稼ぐケースもあります。

　動画チャンネルもブログ・アフィリエイトサイトと同様、広告収入を生み出す「資産」としての側面があります。したがって、

規約を確認した上で、実際に譲渡や相続・贈与が発生した場合の取扱いも検討する必要があります。

㈣ SNSアカウント

　インターネットの普及によって馴染みとなったのが、SNS（Social Networking Service）です。登録した利用者が互いに交流できる、Webサイトの会員制サービスのようなものといえます。代表的なものとして、Facebook、X（Twitter）、Instagram、LINEなどがあります。

　これらのサービスの特徴は、匿名性が高いことです。Facebookは実名で登録することが通常ですが、X（Twitter）、Instagram、LINEは匿名でも登録することが可能です。一方、実名で登録し、プライベートだけでなくビジネスにも活用している人もいます。さらに、会社の公式アカウントも多く存在し、ビジネスでもSNSの活用は必須となりつつあります。

　本書では、SNSアカウントは次に説明する一身専属性の色が濃く、譲渡・相続等の税務の論点は少ないと考えられるため、触れません。

(3) 一身専属性

　上記で説明した多くのオンラインサービスは利用規約上「一身専属性」（権利または義務が、個人に専属し、第三者（相続人含む）に移転しない性質のこと。民法896条ただし書き）を定めており、譲渡・相続・贈与のように第三者に所有権を移転させることを意図していないため、税務上の論点はないように思われます。

　ただし、規約に定められているからといって、必ずしも一身専属性が認められるわけではないと考えられます（実際、アカウントの

変更手続等で実質的に譲渡・相続・贈与が行われるケースもあります）[4]。したがって、一身専属性の問題に関わらず、譲渡・相続・贈与の税務上の論点は残るということになります。

　本書では、規約に関わらず、実際に譲渡・相続・贈与が発生した場合の税務上の取扱いを検討します。

---

[4] 「各アカウントにおいて一身専属性が認められるかどうかについては、利用規約の確認にとどまらず、利用規約の表示方法や故人による明確な合意の有無等を総合的に検討する点に注意が必要である」という見解もあります（伊勢田篤史「デジタル遺品の相続実務と生前対策」、市民と法No.120（2019.12））。

暗号資産のウォレットの種類

　暗号資産、NFT の取引をする際に非常に重要となる機能が「ウォレット」です。ウォレットとは、デジタル上の財布のようなもので、以下のようにさまざまな種類があります。暗号資産を行っている個人・法人の税務を行う場合には、これらのウォレットの仕組みを理解しておく必要があります。

* 　取引所のウォレット

　取引交換業者が運営する取引所のウォレットに保管する方法です。多くの人は、この方法で暗号資産を保管しています。Web 上にさらされているため、取引所のセキュリティ対策がしっかりとされていることが前提となります。

　2018 年に、大手暗号資産取引所の Coincheck から、XNEM（ネム）という暗号資産 580 億円相当が流出したことは記憶に新しいでしょう。暗号資産のセキュリティの重要性が、この事件後にあらためて認識されるようになりました。

* 　モバイルウォレット

　スマートフォンなどにウォレットアプリをダウンロードして、そのアプリ内で暗号資産を管理する方法です。こちらもネット接続が前提ですので、セキュリティ対策がきちんととられている必要があります。

* 　ソフトウェア（デスクトップ）ウォレット

暗号資産によっては、専用のソフトウェアが用意されていることがあります。この場合、ソフトウェアを PC にインストールし、ソフトウェア内で保管します。

　ネットに接続をしない限り外部とシャットアウトして保管することが可能であり、セキュリティの強度は高い部類に入ります。ただし、ソフトウェアをインストールしている PC が故障する、ウィルスに感染してウォレットが開けなくなるなどのリスクはあります。

- 　ハードウェアウォレット

　物理的な外部デバイスに暗号資産を保管する方法です。デバイスに自身の秘密鍵を記録し、外部と完全にシャットアウトして暗号資産を保管することが可能です。したがって、セキュリティは今まで述べてきたウォレットの中では一番強いものとなります。

　一方、デバイスのリカバリーフレーズ（ウォレットを再現するためのパスワード）を改ざんされる、初期設定が既に済んでいる不正をされたデバイスを購入してしまい暗号資産を盗まれる、といったリスクもあります。

第2節　電子取引とは

① 電子取引の意義

　デジタル資産の取引は、すべてデジタル上で行われます。したがって、電子取引の取扱いについても理解が必要です。

　電子取引とは、「取引情報（取引に関して受領し、又は交付される注文書、契約書、送り状、領収書、見積書その他これらに準ずる書類に通常記載される事項をいう。）の授受を電磁的方式により行う取引をいう。」と説明されています（電帳法2五）。つまり、ビジネスで必要なデータ上の取引を指します。このような取引は一般的に電子商取引（またはeコマース）とも呼ばれますが、本書は電子取引に統一するものとします。

　また、近年「デジタルトランスフォーメーション」（略してDX）という言葉も頻繁に使われるようになりました。DXは「情報技術が人々の生活と融合する」ことを表す概念です。つまり、デジタルを活用することによってビジネスだけでなく生活のスタイルも変えていこう、という考え方です。したがって、DXは単に紙を減らすことではなく、「デジタル化による業務改革」という大きな枠組みと考えて良いでしょう。

② 電子取引の種類

(1) 電子帳簿保存法における電子取引

　電子取引には、以下のものがあります（電帳法一問一答（電子取引）問2より）。

　なお、ここで掲げているものは一般に行われている電子取引であり、この中になくてもデータで取引情報の授受が行われているものすべてが、電子取引に該当します。

(2) EDI取引

　EDI（Electronic Data Interchange）とは、企業間のデータ交換取引を指します。たとえば受発注、購買、資金決済等業務を行うことができる仕組みです。主に製造業、小売業で活用されています。

(3) インターネット等による取引

　インターネットを通じて行う取引です。たとえば、Amazonや楽天などのECサイトで商品を購入する、商品を販売する取引です。

(4) 電子メールにより取引情報を授受する取引

　電子メールにファイルを添付して取引する方法も、電子取引に該当します。たとえば、請求書をPDFファイルにして送る取引です。

(5) インターネット上にサイトを設け、当該サイトを通じて取引情報を授受する取引

　インターネット上でASP[5]から提供されるアプリケーションを介して行う取引が該当します。たとえば、決済代行サービス、ネットショップ作成サービス、音声・動画等のデジタルコンテンツ販売

サービス、予約サイト構築サービス等を通じて行う取引です。

　上記の他、暗号資産や NFT を取引所やウォレットで取引する場合もすべて電子的に行われるため、電子取引に該当します。

　電子取引は、データのまま保存することが義務です。詳しくは、第３章で説明します。

5　ASP……Application Service Provider の略。インターネット経由で利用できるクラウドサービス等を提供する事業者または提供されるサービスそのものを指す。前掲 1（17 頁）とは異なる。

代替不可能なデジタル資産 NFT の活用

いまや暗号資産と NFT がデジタル資産の代表例であることは、前述の通りです。

NFT（非代替性トークン）という名の通り、暗号資産と NFT の大きな違いは、「代替性があるか、ないか」です。

暗号資産には、代替性があります。たとえば、A さんが持っているビットコインと、B さんが持っているビットコインは代替可能なものです。A さんが B さんに 1BTC を借りて返すときに、もともと借りた 1BTC を返さなければいけないわけではありません。「お金に色がない」状態です。

一方、NFT は代替不可能なデジタル資産です。A さんが持っている NFT と、B さんが持っている NFT は、それぞれ「所有者」「履歴」がブロックチェーン（52 頁参照）上に記録されているため、代替不可能なのです。通常、デジタル資産はコピーが容易にできてしまう性質がありますが、NFT はブロックチェーンの技術を使って唯一無二のデジタル資産であることが証明できます。NFT は当初、美術、アートなど一点ものの作品としてのイメージが強いものでしたが、「唯一無二のデータであることを証明できる」「改ざんがほぼ不可能」という特性を活かして、以下の活用が挙げられます。

・　ゲームのキャラクター・アイテム
ブロックチェーン上で動くゲーム内で、自分だけのオリジナルのキャラクターを育てる、アイテムを作ることができます。

育てたキャラクターや作ったアイテムを、NFTのマーケット
で販売することも可能です。

• 著作権のロイヤリティ支払の自動化
　デジタルの音楽、映画、本、ブログなどの著作物は、容易に
コピー可能であるため、不正コピーや海賊版が問題となってい
ました。また、古本が販売された際も、著作者に対してロイヤ
リティが支払われないという問題があります。
　これらの問題においても、唯一無二のデータであることを証
明できるNFTを活用することにより、ロイヤリティの支払の
自動化を行うことができ、著作者の権利を守ることができます。

• 証明書
　「唯一無二なもの」の代表として、証明書への活用にも期待
されています。税理士として身近なものでいえば、普段電子申
告のために利用している電子証明書があります。電子証明書は、
誰かと交換できない、まさしく非代替性の代表です。この作成
もブロックチェーン上で行えば、面倒な手続きから開放される
可能性があります。証明書の更新手続における、「〇月〇日に
無効になる」「〇月〇日まで延長される」などといった期限の
管理も、自動的に行うことができます（このように、一定のこ
とを証明することに特化し、譲渡が不可能なNFTが、前述の
SBT（21頁）です）。
　その他、現在「証明書」とされているものすべてに応用が可
能です。

- 利用する権利

　金券ショップなどで売られている飲食店の利用チケットや、アーティストがファンに与える優待券など、なにかを利用する権利にも NFT が活用される可能性があります。現在でも限られた範囲で流通していますが、NFT 化することによってさらに流動性が上がります。価値も担保されるので、転売屋を排除できるメリットもあります。

　たとえば、非上場会社やまだ有名になっていないアーティストでも、なんらかの魅力的なサービスを利用する権利をブロックチェーン上で売り出せば、PR にもなりますし、思わぬ高値がつく可能性もあります。

- DAO

　NFT は、特定のコミュニティに属するためのチケットのようなものとして利用されることもあります。その代表例が、DAO（Decentralized Autonomous Organization）への加入です。

　DAO とは、分散型自律組織と呼ばれており、株式会社のように中央に統治する人間が存在せず、契約等を自動実行するスマートコントラクトを通じて参加したメンバーが動く組織を指します。加入のために必要な NFT は、株式会社でいうところの「株式」と同様価値がつき、市場で売買されることもあります。そのメンバーは、NFT の価値を高めれば自分にも経済的メリットがあることから、インセンティブが働きやすい特性があります。

NFTのようなあらたなデジタル資産は、今後も増え続けていくでしょう。必然的に、税金の問題も顕在化していくはずです。税理士としては、このようなあらたな時代のトレンドも注視し、常にアンテナをはっておくことが大切です。

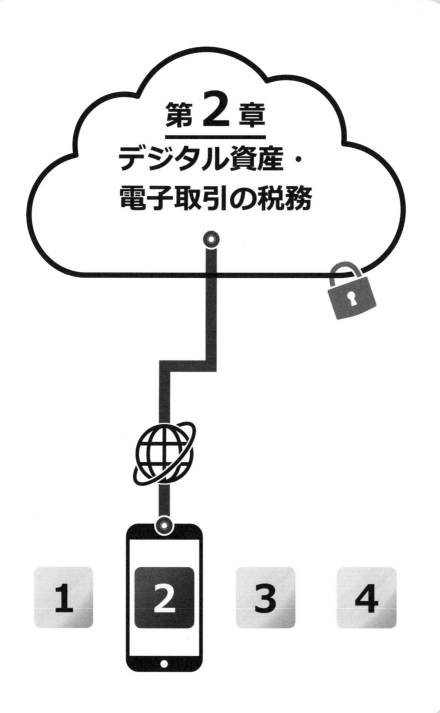

第2章
デジタル資産・
電子取引の税務

1　2　3　4

第1節 | デジタル資産のビジネス・投資の税金

　この節では、デジタル資産を使ったビジネス・投資の具体例、電子取引の流れと税務上留意するべき点を整理します。このようなビジネスを行う会社や個人から依頼があったときのため、税理士としてあらあじめ全体像を理解しておくことが大切です。

　デジタル資産を使った具体的なビジネス・投資例として、以下のものが挙げられます。

---

① 　インターネット広告
② 　デジタルコンテンツ作成・販売
③ 　暗号資産
　・転売
　・マイニング
　・ステーキング
　・レンディング
　・Defi
　・ICO
④ 　NFT
　・NFT の作成・販売
　・NFT の転売
⑤ 　DAO 運営
⑥ 　メタバース

---

① インターネット広告

(1) インターネット広告とは

インターネット広告とは、インターネット上で広告主の広告（バナー等）を貼り、サイトの訪問者が何らかのアクション（クリックや商品購入など）をしたときに広告収入を得られるビジネスです。インターネット広告事業を始めるためには、自分（自社）の Web サイトが必須となります。

(2) インターネット広告の種類

インターネット広告には、大きく分けて㋐成果報酬型、㋑クリック型、㋒動画広告型があります。

㋐　成果報酬型

成果報酬型は、およそ次のようなインターネット広告です（図表 2-1）。

図表 2-1　成果報酬型のネット広告

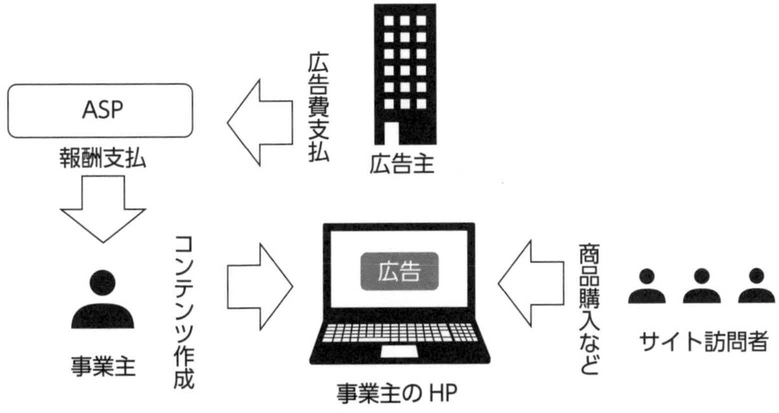

事業主は、Web サイト上に広告主の広告を貼ります。このままでは、まだ収益は発生しません。Web サイトに訪れたユーザーが、広告をクリックし、購入・申込等のアクションをすることによって収益が発生します。報酬の金額は、その商品・サービスの内容によって決まります。事業主は、商品・サービスに関する記事を書き、広告の配置を工夫してサイトを運用していく必要があります。

　報酬は、広告主から広告掲載者に対して直接支払われるのではなく、ASP（Affiliate Service Provider）から事業者に支払われることになります。Amazon や楽天などのプラットフォーマーの他、ネット広告を専門に行っている ASP もあります。

　この成果報酬型は別名「アフィリエイト」と呼ばれ、特に個人で成果報酬型のインターネット広告事業を行う人は「アフィリエイター」と呼ばれます。コンテンツに合った商品やサービスを紹介し、人気を集めることができれば、個人単位でも相当な金額を稼ぐことができます。アフィリエイターは、職業としても認知されつつあります。

(イ)　**クリック型**

　クリック型は、およそ次のようなインターネット広告です（図表 2-2）。

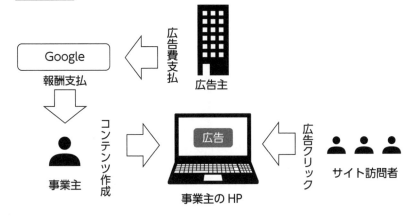

図表 2-2 クリック型のネット広告

Google
報酬支払

広告費支払

広告主

事業主

コンテンツ作成

事業主の HP

広告

広告クリック

サイト訪問者

(ア)成功報酬型とほぼ同じ仕組みですが、報酬の支払条件が異なります。成果報酬型はサイト訪問者の購入・申込等の「具体的なアクション」が必要とされますが、クリック型はサイト訪問者がバナー等を**クリック**するだけで事業主に報酬が発生する仕組みです。成果報酬型と同様に、広告主と事業主を仲介する会社が存在します。

クリック型の主な仲介会社は Google です。同社は、Google AdSense（アドセンス）というクリック型のインターネット広告サービス事業を運営しています。成果報酬型のインターネット広告と違い、クリック型のインターネット広告は事業主が広告の内容を選ぶ必要がありません。訪問者が過去に閲覧した Web サイトの履歴などから、関心・嗜好に合ったものが自動的に選定され、表示されます。Google AdSense を始めるには、あらかじめ Google から Web サイトの承認を受ける必要があります。

㈱　動画広告型

動画広告型は、およそ次のようなインターネット広告です（図

表 2-3）。いわゆる YouTuber として広告収入を得ている人たち
が行っているものです。

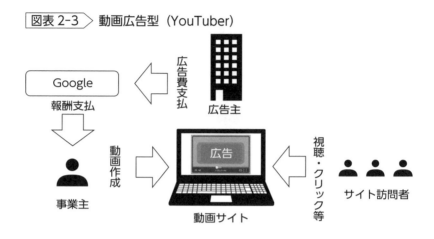

図表 2-3 ＞ 動画広告型（YouTuber）

　上記(ｱ)(ｲ)と異なる点は、**動画上に広告を挿入する**点です。広
告は、要件（チャンネル登録者数または視聴時間）を満たす場
合に貼ることができます。広告がクリックされる、一定以上の
時間視聴される、などのアクションが発生すれば事業主に広告
収入が支払われます。ここで使われている仕組みは、(ｲ)クリッ
ク型の Google AdSense と同じです。ある程度知名度をつけた
YouTuber であれば、広告主の企業と直接契約（タイアップ）
をして、その企業の宣伝を行い、広告収入を得る方法もあります。

(3) インターネット広告の税務上の留意点

(ｱ) 収益の確認
　インターネット広告業の収益は、比較的簡単に確認することが
できます。仲介会社のアカウントのページより、売上のデータを

ダウンロードできるからです（なお、これらはすべて「電子取引」として、データのまま保存が必要です。詳しくは**第3章**）。売上のデータと、実際に入金されている銀行口座の明細を照合することにより、金額を確認できます。

　以下に、注意すべき点をまとめました。

Ⓐ　アカウント名義と運営者

　特に個人がネット広告収入を得ている場合、お客様が運営しているWebサイトのすべてのアカウント（本人以外のものも含みます）を確認する必要があります。

　なぜなら、ネットビジネスの収益は登録されたアカウントに基づき発生するのですが、**名義と実際の運営者が異なる場合**があるからです。アカウント停止のリスクを考慮して、自分と妻の名義で複数アカウントを作って運用している方も実際にいます。「家族はネット広告事業の運営に全く関わっていないけれど、自分のアカウントで稼いだ分なのだから、本人が収益を申告するべきだ」と認識している方も少なくありません。これが可能になると、恣意的に所得を分散できてしまいます。所得税は、実際に事業を運営している人に所得が帰属する「実質所得者課税の原則」の考え方が原則です。この場合、実際に事業を運営しているのはお客様本人なので、アカウントの名義にかかわらず本人が申告する必要があります（**第4章第1節①**参照）。土地・建物の登記等のように明確な所有・権利関係がないネットビジネスだからこそ、留意すべき点といえます。

Ⓑ　データの保存状況

　売上のデータをプラットフォーマーが運営するクラウド上に残してあるだけで、ダウンロードを行っていない人が多いよう

です。アカウントのページでデータを確認できるとはいえ、なんらかの理由（アカウント停止等）でログインができない、保存期間の期限が切れてデータを閲覧できない状態、ということもありえます。

　近年改正が多く行われている電子帳簿保存法においては、ネット広告売上などの電子取引はデータで保存することが原則です。さらに、消費税の課税事業者である場合には、電子インボイスの控えとしてもデータを残すことが必要です。そのため、あらかじめデータの保存状況を確認したほうが良いでしょう。

ⓒ　海外でネット広告収入を得ている場合

　ネット広告事業は場所を問わずに行うことができます。したがって、海外にいながら日本の ASP を通じて広告収入を得ている人もいます。非居住者である場合には、居住者と課税の範囲、課税の方法が異なります。このケースは第5節で取り上げます。

㋑　費用の確認

　インターネット広告業は、PC とインターネット環境があれば行うことができますので、費用はそこまで多く発生しません。領収書、クレジットカード明細、通帳等をもとに確認します。一般的には、下記に関する費用が発生します。これらも、電子取引で行われる場合にはデータのまま保存する必要があります。

> ・記事を書く、動画を投稿するための PC 購入費
> ・インターネット接続料
> ・レンタルサーバー利用料
> ・ドメイン利用料

・写真加工・動画作成ソフト購入費

・記事で紹介する商品の購入費

・記事にするための取材費

・リスティング広告、バナー広告掲載費

・自己研鑽のためのセミナー・研修費

・取引先・同業者との交際費

・インフラ関連費（家賃、水道光熱費等）

（4）　インターネット広告業とデジタル資産の関係

　インターネット広告事業を行うために必要な Web サイトは、あくまでサーバ運営者が管理しており、土地や建物などのように明確に所有権を主張でき、価値を算定しやすいものとは異なる性質のものに見えるかもしれません。

　しかし、広告収入が発生している Web サイト、動画チャンネルは、譲渡が規約上禁止されているものはあるものの、意図せず譲渡が行われているケースもあります。

　たとえば、Web サイトのサーバー名義や動画のアカウントの振込口座を変更することで、それが可能です。このとき、金銭がやりとりされる場合もありますが、やりとりされない場合もあります。

　また、運営者が仮に死亡した場合でも、Web サイトとサーバの契約が続く限り広告収入は発生するため、死亡者と契約を引き継いだ者とで所得移転が行われているという見方もできます。したがって、実質的に譲渡や相続が行われた場合に税金の問題が発生する可能性があります。

　この論点については、**第2節**（デジタル資産の譲渡の税務）で後述します。

② デジタルコンテンツの販売

(1) デジタルコンテンツとは

　デジタルコンテンツとは、文章、音声、動画、電子書籍などのデータを指します。

　従来、これらの情報は紙や CD、DVD 等の有体物で提供されていました。この数年で、インターネット上で情報を販売する仕組みが整い、個人や小規模な中小企業が、マーケティング、ブランディング、集客等の目的のため、デジタルコンテンツの販売を始めるケースが増えました。

(2) デジタルコンテンツ販売の例

　デジタルコンテンツの販売の例として、以下が挙げられます。

㋐ 情報商材販売

　情報商材とは、インターネット上で販売されるノウハウを集めた情報のことです。継続的でなく一度限りの販売が多い点、「お金・健康・人間関係」など緊急性の高いものに関する内容のものが多い点が特徴です。

　情報商材は、個人の Web サイト上で販売されているケースもあれば、プラットフォーム上で販売されているケースもあります。

㋑ サブスクリプション型の販売

　1 か月ごとなど、サブスクリプション（定期課金）のデジタルコンテンツ販売です。メールマガジン、オンラインセミナー、オンラインサロン[1] などが具体例として挙げられます。情報商材と比較してビジネスに関するものが多く、一度限りのコンテンツ販

売ではなく、継続的なサービス提供が特徴です。

　たとえば、メールマガジンは、営業ツールの他、マーケティング、ブランディングに利用されています。有料・無料いずれもありますが、有料のメールマガジンは月額制をとっている場合が多く、購読者は長期的に販売する企業・個人と関係を築いていく点が特徴です。安定した収入を得られるため、個人や企業の収入の柱としても定着しています。

㈡　電子書籍の販売

　デジタルコンテンツのうち、文章をある程度の量にひとまとめにしたものが電子書籍です。

　以前は、自分（自社）で紙の本を出版するには出版費用を負担しなければならず（いわゆる自費出版）、ハードルの高いことでした。しかし現在は、電子書籍を販売することができるサービス（たとえば Amazon の KDP（Kindle Direct Publishing）、楽天の Kobo ライティングライフなど）が登場し、個人や中小企業でもほぼ初期投資なしに自分（自社）の本を出版することができるようになりました。この場合、執筆した個人・会社は Amazon や楽天などのプラットフォーマーから、売上の一部をロイヤリティとして受け取ることになります。

(3)　デジタルコンテンツの販売手法

　デジタルコンテンツの販売の手法は、下記の2つによって区分されます。

1　オンラインサロン……オンライン上で運営されるコミュニティのことを指す。運営者は、会員から参加費を受け取った上でコミュニティの運営を行う。会員は、会員限定の情報（主にデジタルコンテンツ）を得る、個別相談に乗ってもらう、ライブ配信の視聴、メンバー同士の交流ができるなどのメリットを享受することができる。

㋐　サービス提供期間

　デジタルコンテンツの販売は、サービス提供期間がその場限りのものと、継続的に提供されるものに分けられます。

　その場限りの提供の例としては、情報商材や電子書籍の販売が挙げられます。

　継続販売の例としては、有料のメールマガジン、オンラインサロン等があります。

㋑　販売チャネル

　デジタルコンテンツの販売チャネルは、複数あります。大別すると、自分（自社）で販売する方法と、プラットフォーム上で販売する方法の2つです。

　自分（自社）で販売する場合、販売システムを自分（自社）で構築するか、外注することになります。完成までに時間とお金がかかり、完成後の集客も自分（自社）で行う必要があります。ただし、いったん構築してしまえば外部に支払う手数料が発生しないメリットがあります。通常は決済代行事業者を通じて決済が行われるため、銀行へはこれらの代行業者の名前で振り込まれることになります。

　プラットフォーム上でデジタルコンテンツを販売する手法は、プラットフォーム上に自分（自社）のお店を持つイメージです。例として、AmazonのKindleストアが挙げられます。自分（自社）のHPで電子書籍を販売しても集客力がないため、すぐに売上を伸ばすことは難しいのですが、AmazonのKindleストアに表示されれば集客力は大幅にアップします。その他にも、個人や小規模の会社でも気軽にデジタルコンテンツを販売できるサービスがあります。

（4）デジタルコンテンツの販売の税務上の留意点

㋐ 収益の確認

デジタルコンテンツの販売は、電子取引によって行われるため、データで確認ができます。Ⓐ自分（自社）で販売する場合、Amazon や楽天等のⒷプラットフォーム上で販売する場合の2つに分けて説明します。

Ⓐ 自分（自社）で販売する場合

自分（自社）でデジタルコンテンツの販売を行う場合は、決済代行事業者と連携していることがほとんどです。決済代行事業者とは、事業者と購入者の間に立ち、クレジットカードや電子マネー等での決済を代行する事業者のことです（**図表2-4**）。インターネット上でデジタルコンテンツを販売するためには、必須のサービスです。

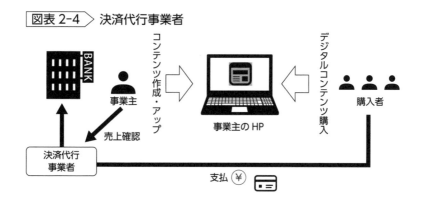

図表 2-4 ▷ 決済代行事業者

購入が行われると、決済代行事業者のアカウントページに売上データが蓄積されるため、アカウントページで売上の確認を行うことができます。

⑧　プラットフォーム上で販売する場合

　Amazon や楽天などのプラットフォーム上でデジタルコンテンツを販売する場合は、プラットフォームのアカウントページから売上データを確認できます。

　なお、これらのデータはすべて電子帳簿保存法の「電子取引」に該当するため、要件を満たした上でデータのまま保存することが必要です。

(イ)　費用の確認

　売上金は、プラットフォームが定める締日に基づき銀行口座等へ支払われます。

　デジタルコンテンツを販売する場合、仕入がないため売上原価が発生しません（DVD 等の媒体にしてパッケージ販売する場合を除きます）。主に以下のような費用が発生します。領収書や請求書、クレジットカード明細等を入手して、集計を行います。なお、これらの取引が電子で行われている場合には、要件を満たした上でデータのまま保存する必要があります。

・ネットショップ構築、動画編集などの外注費
・デジタルコンテンツの作成・加工をするパソコンの購入費
・インターネット接続料
・プラットフォーマーに支払うシステム手数料
・決済代行業者に支払う手数料
・宣伝を行うためのリスティング広告、バナー広告費
・自己研鑽のためのセミナー・研修費
・動画を撮るためのカメラなどの消耗品費
・インフラ関連費用（家賃、水道光熱費等）

---

③ 暗号資産

　日本では 2017 年頃から、暗号資産投資が盛んに行われるように
なりました。本書執筆の時点において、暗号資産の投資手法には
さまざまなものが存在します。ここでは、暗号資産の概要を説明し
た上で、具体的な例を挙げます。

(1) 暗号資産とは

　暗号資産とは、硬貨や紙幣のような形を持っていないインター
ネット上でやりとりできる財産価値を指します。資金決済に関する
法律（資金決済法）には、次のように定義されています。

■資金決済に関する法律 2 条 5 項

　5　この法律において「暗号資産」とは、次に掲げるものをいう。
　（略）

　一　物品を購入し、若しくは借り受け、又は役務の提供を受け
　　　る場合に、これらの代価の弁済のために不特定の者に対して
　　　使用することができ、かつ、不特定の者を相手方として購入
　　　及び売却を行うことができる財産的価値（電子機器その他の
　　　物に電子的方法により記録されているものに限り、本邦通貨
　　　及び外国通貨並びに通貨建資産を除く。次号において同じ。）
　　　であって、電子情報処理組織を用いて移転することができる
　　　もの
　二　不特定の者を相手方として前号に掲げるものと相互に交換
　　　を行うことができる財産的価値であって、電子情報処理組織
　　　を用いて移転することができるもの

以上の通り、暗号資産は本来「代価の弁済」、つまり決済としての目的がメインですが、現在では暗号資産が決済として利用されることはほとんどなく、多くは投資対象とされています。

　暗号資産の大きな特徴は、以下の３点です。

㋐　国境がない

　日本円などの法定通貨と違い、暗号資産には国境という概念はありません。

　外国に行って日本円を使うことはできませんが、暗号資産はお店側が決済システムを用意すれば、どこでも利用することができます。

㋑　管理者がいない

　暗号資産には決まった管理者がいません。

　現在法定通貨である日本銀行券（紙幣）と貨幣は日本銀行が管理していますが、暗号資産にはそのような決まった管理者が不在です。

㋒　分散型台帳技術（ブロックチェーン）が使われている

　日本円など法定通貨は、日本銀行管理の大きなサーバで一元管理される中央集権型のシステムが利用されています。一方、暗号資産はインターネットにつながったすべてのコンピュータ（ノードと呼ばれます）が分散して管理する「分散型台帳技術」が使われています。

　この分散型台帳技術の１つが「ブロックチェーン」というものです。ブロックチェーンとは、ユーザーが作成したトランザクション（取引）がまとめられているもの、または技術そのものを指します（チェーンのように連なっていることから、ブロック

チェーンと呼ばれています）。トランザクションを承認し、ブロックチェーンの形につなげていく作業を行っている人たちをマイナー（採掘者）と呼びます。個々のトランザクションは、複雑なハッシュ関数に基づく公開鍵暗号技術[2] により、改ざんがほぼ不可能です。マイナーはボランティアではなく、報酬（暗号資産）を得た上で計算を行っています。報酬の支払いは自動的に行われます。この作業は、暗号資産の「採掘」という意味で「マイニング」と呼ばれます。暗号資産が、特定の管理者が不在でも不正を自動的に防ぐ仕組みを実現できているのは、このマイニング作業があるからです。

（2）　暗号資産の種類

　暗号資産の取引所である GMO コインによると、暗号資産の種類は 2023 年 3 月時点で 9,000 以上存在するといわれています。
　そのなかでも代表的なものが、以下の 3 つです。

㋐　ビットコイン

　ビットコイン（単位は BTC）は、2009 年に「サトシ・ナカモト」と名乗る人物の論文に基づき、誕生した暗号資産です。
　日本でも 2017 年に大きく注目され、一時期 200 万円を超える価格を更新しました。その後一度下落しましたが、2021 年 5 月現在、価格は再び上昇しています。この結果、「億り人」（俗に投資によって 1 億円以上の資産を築いた人のこと）と呼ばれる高額所得者を多数発生させました。

---

[2] 公開鍵暗号技術……公開鍵と秘密鍵の 2 つの鍵を利用してデータのやりとりを行う方式。公開鍵は公開されており誰でも入手できるが、秘密鍵は 1 つしかなく、特定のユーザーのみが保有する。秘密鍵が漏洩すると、財産を奪われる可能性が高いため、厳重に管理する必要がある。

ビットコインは、発行量が増えすぎることによるインフレ防止、希少性維持のため、「発行の上限枚数は 2,100 万 BTC」と決められています。

㈦　イーサリアム

　イーサリアム（単位は ETH）は、2013 年にロシア生まれのヴィタリック・ブテリンが構想した暗号資産です。厳密にいうと、イーサリアムは決済に使うためだけのものではなく、スマートコントラクトという機能を組み込んだブロックチェーン上でアプリを動かすためのプラットフォームの名称となります。

　スマートコントラクトとは、一定の条件が揃ったら、自動的に一定の処理を実行することができるシステムです。たとえば、消費者賃貸借契約の締結時において、あらかじめ「○○日に決済がされなかったら、自動的に○○を差し押さえる」といったことを設定しておくことができます。最近では、NFT のプラットフォームとしての活用も進んでいます。

㈻　リップル

　リップル（単位は XRP）は、2004 年にカナダの Web 開発者により誕生した暗号資産です。大きな特徴は、リップルという会社が管理主体となっている点です。つまり、分散型台帳技術は利用されていますが、その管理はすべてリップル社が行っています。「分散型と集権型を組み合わせた暗号資産」というイメージです。管理主体が存在し、その用途も「決済」にフォーカスしているため、決済の高速化が担保されています。

(3) 暗号資産の売買

㋐ 概　　要

　株などと同様、安いときに買い、高いときに売って値上がり益を稼ぎます。暗号資産の相場は変動が激しいため、売りどきが難しいという特徴があります。

　2017 年の 1 年間にビットコインは約 18 倍、リップルは約 34 倍にもなりました。しかし、その後 2018 年には暗号資産の相場は急落し、納税資金の工面に苦労する人たちもいました。その原因は、次に説明する通り原則「雑所得」扱いであることと、計算が複雑であることにあります。

㋑　暗号資産の売買の税務上の留意点

Ⓐ　所得税の所得区分と課税方法

　暗号資産の取引により生じた所得は、所得税法上は原則として雑所得に区分されます。課税方法は他の所得と合算して累進税率をかける総合課税であり、損失が出ても他の所得との損益通算は不可能です。そのため、含み損を抱えている暗号資産を、年末までに売却する方も多くいます。

Ⓑ　所得の計算方法

　暗号資産を売却する場合は、その「譲渡価額と譲渡原価の差額」が所得（売却益）となります。

> ・譲渡原価＝ 1 単位あたりの暗号資産の価額×売却数量
> ・譲渡価額－譲渡原価＝所得（売却益）

　なお、複数回にわたって暗号資産を購入している場合には、

１単位あたりの暗号資産の価額は、総平均法または移動平均法のいずれかによって計算します。いずれも選択をしない場合には、個人においては総平均法、法人においては移動平均法によって計算した価額となります。

また、購入に際して手数料などの費用が発生した場合には、譲渡原価に含めるか、別途経費として処理します（以下、暗号資産による商品の購入、暗号資産による暗号資産の購入の場合も同様）。

暗号資産で商品を購入する場合は、法定通貨で商品を購入した場合とは異なり、**いったん暗号資産を売却した**ものとされます。したがって、売却益が出ているのであれば所得に加える必要があります。

> ・譲渡原価＝１単位あたりの暗号資産の価額×支払った数量
> ・商品価額（暗号資産の譲渡価額）－譲渡原価＝所得（売却益）

なお、この場合も複数回にわたって暗号資産を購入している場合には、１単位あたりの暗号資産の価額は、総平均法または移動平均法のいずれかによって計算します。

暗号資産で暗号資産を購入する場合（たとえばビットコインでイーサリアムを購入するとき）には、支払に利用した暗号資産を売却したものとされるため、売却益が出ている場合には、所得に加える必要があります。

> ・譲渡原価＝１単位あたりの暗号資産の価額×支払った数量
> ・暗号資産の購入価額（売却する暗号資産の譲渡価額）－譲渡原価＝所得（売却益）

なお、この場合も複数回にわたって暗号資産を購入している場合には、１単位あたりの暗号資産の価額、総平均法または移

動平均法のいずれかによって計算します。

　暗号資産の分裂により暗号資産を取得する場合もあります。ハードフォーク（仕様の変更）により分岐が行われ、新しい暗号資産が付与される場合です。

　この場合には、分岐して取得した時点において所得は発生しません。その新たな暗号資産の取得価額を０として、単価の計算をします。

(4) マイニング

㋐ マイニングとは

　暗号資産は、転売して利益を得ることだけでなく、暗号資産自体を増やすこともできます。その手段のひとつが、**マイニング**です。

　マイニングとは、暗号資産の根幹となるブロックチェーン技術を支える複雑なハッシュ計算に参加することにより、報酬を得ることを指します。ブロックチェーン上から暗号資産を「採掘」しているように見えることから、このような名前がつけられました。マイニングを行う人（会社）は「マイナー」と呼ばれ、これらの人たちのインセンティブがあるからこそ、暗号資産のセキュリティが担保されているともいえます。

　近年は、マイニングにかかる電力が課題となり、大規模なマイニングセンターを有する法人がマイニングを行っています。

㋑ マイニングの税務上の留意点

Ⓐ 所得税の所得区分と課税方法

　暗号資産のマイニングにより生じた利益は所得税法上、事業として行っている場合には事業所得、それ以外は雑所得に区分

されます。他の所得と合算して累進税率をかける総合課税であり、他の所得との損益通算は不可能です。

Ⓑ　所得の計算方法

　マイニングにより暗号資産を増やした場合には、その増やした時点の価額（時価）を収入とします（法人においては益金）。マイニングに要した費用（マイニング専用PCの購入、電気代など）は経費（法人においては損金）とすることができます。

(5)　ステーキング

㋐　ステーキングとは

　暗号資産の**ステーキング**とは、暗号資産をネットワーク上に一定期間差し出してブロックチェーンのメンテナンスに貢献し、その報酬として暗号資産を受け取る仕組みのことを指します。前述したマイニングと違い、膨大な電力を消費するハッシュ計算が不要のため、エコなシステムとして注目されました。

　実際、2022年9月にはイーサリアムがPoW（Proof of Work。より多くの計算処理をした人に報酬を付与する）からPoS（Proof of Stake。暗号資産の預入量・年数によって報酬を付与する）への移行を果たし、注目されました。

㋑　ステーキングの税務上の留意点

Ⓐ　所得税の所得区分と課税方法

　暗号資産のステーキングにより生じた利益は所得税法上、事業として行っている場合には事業所得、それ以外は雑所得に区分されます。他の所得と合算して累進税率をかける総合課税で

あり、他の所得との損益通算は不可能です。

⑧　所得の計算方法
　ステーキングにより暗号資産を増やした場合には、マイニングと同様その増やした時点の価額（時価）を収入とします（法人においては益金）。ステーキングに要した費用（ステーキング用のソフトウェアの購入、電気代等）は経費（法人においては損金）とすることができます。

(6) レンディング

㋐　レンディングとは
　暗号資産のレンディングとは、取引所など第三者に暗号資産を貸し付けて利用料を得る仕組みのことです。通常、第三者は暗号資産の取引所であり、口座開設を行えば誰でも気軽に行える点が特徴です。ただし、預け入れた暗号資産は一定期間ロックされ、引き出せないケースもあります。また、価格変動リスクがあることにも注意が必要です。

㋑　レンディングの税務上の注意点

⑧　所得税の所得区分と課税方法
　暗号資産のレンディングにより生じた利益は、所得税法上は事業として行っている場合には事業所得、それ以外は雑所得に区分されます。他の所得と合算して累進税率をかける総合課税であり、他の所得との損益通算は不可能です。

Ⓑ　所得の計算方法

　　レンディングにより暗号資産を増やした場合には、マイニン
グやステーキングと同様に利用料を得た時点の価額（時価）を
収入とします（法人においては益金）。したがって、いつの時
点で利用料の収入があったか、把握をしておく必要があります。
レンディングに要した費用（暗号資産交換所に預け入れるため
の手数料など）は経費（法人においては損金）とすることがで
きます。

(7)　Defi

㋐　Defi とは

　　Defi とは、Decentralized Finance（分散型金融）の略称です。
「分散型」というように、中央銀行など管理主体が存在せず、スマー
トコントラクト（契約や取引がブロックチェーン上で自動実行さ
れるルール）ですべての取引が自動実行されます。

　　たとえば、利用者は通常の銀行と同じように暗号資産を預け入
れることによって、利息を得ることができます。暗号資産を貸し
たい人、借りたい人がスマートコントラクトで自動的にマッチン
グが行われるイメージです。したがって、Defi においては従来
の銀行のように店舗や従業員が必要ないため、利率が高く設定さ
れる場合が一般的です。Defi の仕組みを構築している取引所を
DEX（Decentralized Exchange）と呼びますが、独自のトー
クン（ガバナンストークン）を交付しているところもあります。

㋑　Defi の税務上の留意点

　　Defi に関する明確な税務上の取扱いは、2023 年 7 月時点で
公開されていません。ただ、マイニングやステーキング、レンディ

ングの取扱いや現在預金利息に適用されている税制（発生時に源泉分離課税）を考えると、これらと同様の取扱い（発生時に、そのときのレートで円に換算したものを収入とする考え方）とする可能性が高いでしょう。中には、都度利息が入金され、発生時のレートが曖昧なものもあるため、ある程度簡便な方法で収入を把握する方法が考えられます（第4章第1節⑬参照）。

(8)　ICO

㋐　ICO とは

ICO とは、Initial Coin Offering の略で、**暗号資産の新規発行による資金調達方法**です。誰かがある暗号資産の新規発行プロジェクトを提案し、ホワイトペーパー（ICO を行う際に、プロジェクト内容を詳しく説明した文書）で資金調達を募る方法を指します。その暗号資産プロジェクトに投資をしたいと思う人は、トークンを購入することによってプロジェクトに参加することができます。

トークン保持者は、暗号資産が上場したとき（市場で暗号資産が売買されるようになったとき）に売却して値上がり益を得ることもできます。

ただ、ICO が加熱した 2017 年当初は、投資家を保護する規制がなかったため詐欺まがいのものも多く、金銭的被害を被る方も多くいました。その後、何度か注意喚起がされ、2019 年の資金決済法、金融商品取引法及び金融商品販売法の改正を経て規制強化が行われたことにより、投資家保護の環境が整いました。

㋑　ICO の税務上の留意点

ICO については 2023 年 6 月現在、国税庁から明確な見解が

出ていません。現行の考え方を当てはめると、以下のようになると考えられます。

　まず、暗号資産の発行をして資金調達を行った時点は、原則として一括で収益計上となり、法人税の課税対象になると考えられます。その暗号資産を後に変換する義務がなければ、権利がその時に確定したと捉えられるからです。実際は ICO によって発行される暗号資産にはさまざまなものがあるため、取扱いが異なるケースが出てくる可能性もあります。なお、法人が期末に有する自社発行の暗号資産は、原則として時価評価から除かれることになりました（(9) 参照）。

　次に、ICO によってトークンを購入し、その後売却して利益を得た人は、通常の売買と同じ取扱いになると考えられます。したがって (3) で示した通り、譲渡価額と譲渡原価の差額が所得となります。

　以上、暗号資産の所得の計算方法をまとめると、以下の通りとなります（図表 2-5）。

ケース	所得の計算方法
暗号資産を購入、売却した場合	譲渡価額と譲渡原価の差額
暗号資産で商品を購入した場合	譲渡価額と譲渡原価の差額
暗号資産で暗号資産を購入した場合	譲渡価額と譲渡原価の差額
暗号資産の分裂により暗号資産を取得した場合	所得計算なし。取得原価 0 として処理
暗号資産をマイニング・ステーキングにより取得した場合	取得時の価額とマイニング・ステーキングに要した費用との差額
暗号資産をレンディングにより取得した場合	利用料発生時の暗号資産の価額とレンディングに要した費用との差額
暗号資産を Defi により取得した場合	利息発生時の暗号資産の価額と Defi に要した費用との差額
暗号資産を ICO により取得、売却した場合	譲渡価額と譲渡原価の差額

(9) 法人が保有する暗号資産の時価評価

　法人が暗号資産の取引をした場合、原則として期末に有する暗号資産を時価評価する必要があります。仮に評価益が出る場合には、法人税がその分増加しますので、資金繰りに気を付ける必要があります。

　2023 年（令和 5 年）度の税制改正により、自社が発行した暗号資産で、発行のときから継続して保有し、次のいずれかにより譲渡制限が行われているものについては時価評価から除外されることになりました。2023 年（令和 5 年）4 月 1 日以後に開始する事業年度について適用されています。

・他の者に移転することができないような技術的措置がとられていること。
・一定の要件を満たす信託財産としていること。

　税制改正前までは、資金調達を目的に ICO により自社で暗号資産を発行し、期末に保有する場合において、まだキャッシュ化されていない暗号資産の評価益に対して法人税が課されるという厳しい取扱いでした。これらを解決するために、上記の改正がされ、自社のトークンを発行して資金調達する方法（ICO）がやりやすくなりました。ただし、ビットコインやイーサリアムなど市場性のある暗号資産については引き続き時価評価となるため、注意が必要です。

④ NFT

　NFT はデジタルコンテンツの一部ですが、前述した通り「ブロックチェーン上でやりとりされるため、ほぼ改ざん不可能」「唯一無二のデジタル資産であることを証明できる」という特徴があります。
　この特徴を利用して、クリエイターがこれまで価値が付きづらかったデジタルデータを NFT 化して販売するビジネスが増えました。作成される NFT は一点もの、アルゴリズムに基づいて自動的に生成されるもの（ジェネラティブ NFT）などがあります。購入された NFT は、SNS のプロフィールアイコンに利用される、DAO に参加するための権利として利用されるなど、用途も様々です。
　ここでは、代表的な NFT を使ったビジネスと、税務上留意する点を解説します。

(1)　NFT の作成・販売

㋐　概　　要

　クリエイターなどがイラストソフトや 3D ソフトなどで作成した画像やアニメーションを、ウォレットを通じて NFT マーケットプレイスにて NFT として発行し（この発行手続を「ミント」とも呼びます）、販売を通じて暗号資産を得るビジネスです。

　このとき、ネットワーク上で「GAS 代」というものが発生します。これは、トランザクションが承認されるためのコストで、ネットワークの混み具合によってその額が変化します。マーケットプレイスで発行された NFT は、オファーやオークション形式によって売買が行われます。また、マーケットプレイスによっては販売する NFT に**ロイヤリティの設定**（売買がある都度販売額の一部が作成者に入る仕組み）もできます。

㋑　NFT の作成・販売の税務上の留意点

　NFT の作成・販売を行う場合の税務上の留意点は、以下の通りです。

Ⓐ　所得税の所得区分と課税方法

　個人がデジタルアートを NFT 化し、販売を行ったことにより得た所得は、原則雑所得（事業として行った場合には、事業所得）となります。課税方法は他の所得と合算して累進税率をかける総合課税であり、他の所得との損益通算は不可能です。

Ⓑ　所得の計算方法

　NFT の譲渡収入から NFT に係る必要経費を差し引いた金額が所得（法人の場合には益金）となります。

まず、NFTを作成したときには税金は発生しません。マーケットプレイスにて販売が行われたときに収入を認識します。このとき、ウォレットに入ってきた暗号資産の時価で日本円に換算した金額を収入として認識します。また、転売される都度支払われるロイヤリティ収入についても、その暗号資産の時価で日本円に換算した金額が収入になります。

　次に、そのNFTの収入を得るために必要な経費（発行するためにかかったGAS代やプラットフォームに支払う手数料など）を差し引いて所得を計算します。

(2)　NFTの転売

㋐　概　　要

　NFTは作成するだけでなく、どこかから購入してそれを転売することによって投資利益を得ることもできます。実際、NFTが加熱した2021年～2022年あたりは、このNFT転売が流行しました。NFTの発行主体がホワイトペーパー（発行するNFTにどのような価値をつけていくか、ユーティリティーをつけていくかなどの道筋を記述した文章）を公開し、それを見た人が値上がりの期待をして購入する、これまでベンチャー企業が行ってきた資金調達と似たような投資手法が生まれました。

　とはいえ、NFTによる資金調達はいまだ法整備が整っておらず、投資家が損害を被る事例もありました。現在は、政府を中心とした法整備の動きが進んでいます。

⦅ｲ⦆　税務上の留意点

Ⓐ　所得税の所得区分と課税方法

　個人が NFT を購入し、第三者に転売した場合に得た利益は、原則譲渡所得（その NFT の譲渡が継続して行われている場合には事業所得または雑所得）として認識します。譲渡所得の金額が赤字となった場合には、他の所得との損益通算が可能です（ただしその NFT が主として趣味、娯楽、保養または鑑賞の目的で所有されていたものである場合には、他の所得の損益通算は不可）。また、NFT の時価と相当乖離した金額で譲渡した場合、個人・法人間で譲渡を行った場合には、別途留意する点があります（**第 2 節**で詳しく説明します）。

Ⓑ　所得の計算方法

　NFT の転売収入から NFT の取得費（NFT 購入時の価額）、譲渡費用（NFT を売却するときに支払う手数料など）、特別控除額（最大 50 万円）を差し引いて譲渡所得を計算します（長期間（5 年超）保有の NFT の場合には 2 分の 1 の金額）。法人の場合には、転売収入から NFT 取得費、経費を差し引いた金額が法人税の課税対象となります。

　ここで大切な点は、**NFT 取得時の価額**を把握している必要があるという点です。いつ、いくらで購入したのかを管理していないと、正しく所得を計算できません。NFT は長期間保有することが珍しくないため、NFT 所有者に対しては「買っただけでは税金はかからないが、きちんと取得費を把握しておく必要がある」ことは強調しておいたほうが良いでしょう。

　以上、NFT の取引における所得の計算方法をまとめると、

以下の通りとなります（図表 2-6）。

| 図表 2-6 | NFT の取引における所得の計算方法 |
ケース	所得の計算方法
NFT 作成時	所得計算なし
作成した NFT を販売した場合	NFT の譲渡収入 − NFT に係る必要経費
NFT 購入時	所得計算なし（取得価額の記録は必要）
購入した NFT を売却した場合	NFT の転売収入 − NFT の取得費 − 譲渡費用 − 特別控除額（最大 50 万円、所得税のみ）

⑤ DAO

(1) DAO とは

　暗号資産、NFT と非常に関連性の高い概念が、**DAO** です。DAO は **Decentralized Autonomous Organization（分散型自律組織）** の略称で、組織の形態のひとつです。その大きな特徴が、スマートコントラクトを中心に据えた、ヒエラルキーの少ない組織である点です。

　たとえば、「Nouns DAO」という DAO は、NFT を使った、純度の高い DAO です。Nouns DAO に参加するためには、Noun という NFT を購入する必要があります。Noun は毎日一体発行され、オークション形式で販売されます。各 NFT には投票権（ガバナンストークン）が付されており、購入した人は NFT の保有者となると同時に Nouns DAO への意思決定に参加することになります。さらに、Nouns DAO の参加者が拠出したお金は、共通の財

布である「Treasury Wallet」というブロックチェーン上のウォレットに保管され、投票によって決められたプロジェクトに使われます。この際、たとえ Nouns DAO を創設した人でもウォレットをコントロールできない点が、DAO の特徴を強く表しています。NFT がこれまでの株式のような意味合いをもち、なおかつ管理者がおらず、資金の使い道もすべて投票で決めるといった自律型の組織を実現している良い例です。日本でも、このような DAO が、コミュニティ発で広がってきています。

(2) DAO の税務上の留意点

　DAO は株式会社や合同会社のように法律で決まった人格ではないため、2023 年 7 月時点では明確な取り決めはありません。

　したがって DAO を運営しようとする場合、個人でコミュニティを集う方法、法人を設立して（または元々ある法人が事業の一環として）DAO を創設運営する方法のいずれかになるでしょう。具体的な取扱いは、以下の通りです。

㋐　個人で DAO を運営した場合

　個人で DAO を運営した場合、たとえ DAO 単位で事業を行っていたとしても、法的な取扱いがないことから、DAO の創立者が NFT 発行や販売を行っているものとして、税務上も取り扱われると考えられます。したがって、NFT の発行（ミント）時には課税なし、NFT による資金調達（販売）時点で収入を認識する、ということになります。

　なお、個人が運営する DAO に Treasury wallet を利用したとしても、現状は共通口座に対する税務上のはっきりとした取扱いがありません。したがって、たとえ共通口座であっても、その中の暗号資産の動きはその Tresuary wallet を作成した DAO

の創立者のものとして捉えられると考えられます。なお、個人が年末に有する暗号資産とNFTは時価評価の対象となりませんので、所得税に影響はありません。

(イ) 法人でDAOを運営した場合

　法人でDAOを運営した場合も、通常の法人と取扱いは変わりません。また、資金調達として暗号資産やNFTを発行した場合でも、その調達時に益金として法人税が課されると考えられます。株式による資金調達のような明確な法律の取り決めがないからです。

　なお、法人が事業年度末に暗号資産を時価評価する必要がありますが、①(9)の通り、自社で発行した暗号資産で一定期間保有し、譲渡制限等がつけられているものについては時価評価を行わない取扱いとなっています。

⑥　メタバース

(1)　メタバースとは

　メタバースとは、仮想空間、仮想現実とも呼ばれ、コンピュータやインターネット上で提供されるもうひとつの世界、サービスのことを指します。

　通常、メタバースを利用する際には自分の分身である「アバター」という3Dのキャラクターを使って操作します。ゲームをしている人だったら馴染みがあると思いますが、自分のキャラクターを操作するようなイメージです。

　メタバースは、暗号資産、NFTとともに2021年頃からブームを起こし、交流にとどまらず、メタバース内でNFTを販売するな

どビジネスにも活用されることになりました。

(2) 税務上の留意点

　メタバースに参加するだけでは税金の負担は発生しませんが、メタバース内で収入を得る場合には税金の負担が発生する可能性があります。

　たとえば、メタバースにはアバターが集まって何かを活動するための「ワールド」という概念があります。このワールドは全くの仮想空間であったり、「バーチャル○○（渋谷など）」など現実にある場所を再現したものもあります。このような 3D 空間を作るには専門知識を持ったクリエイターが必要です。このワールドに入場するための「入場料」が、クリエイターの収入になることがあります。また、メタバース内で行われるゲームやコンテストに応募して賞金を得る、といった稼ぎ方もあります。

　また、メタバース内で使うことのできるアイテムを NFT 化して販売することもできます。この場合、NFT にロイヤリティを設定しておけば、そのアイテムが売れる都度クリエイターに収入が一部入ることになります。

　これらの収入を個人で得る場合には所得税が、法人で受け取る場合には法人税がかかります。支払は通常暗号資産建てで行われるため、受け取った時の時価を収入とします。なお、特定のメタバース内でしか使えないトークン（メタバース内の資産以外の資産と交換できないもの）を受け取った場合には、課税の対象となりません。

税理士もデジタル資産体験

　第2章第1節では、デジタル資産に関わるさまざまなビジネスをとりあげました。筆者は研究のためにこれらのビジネスをいくつか経験しています。実際に経験した方が現実味を持ってお客様にアドバイスができますし、売上の柱や営業のツールになっているものもあります。気になるものがありましたら、ぜひ試してみてください。

・　インターネット広告

　筆者は公式のHP以外に、比較的カジュアルな個人ブログも運営しており、そこでネット広告を掲載して広告収入を得ています（金額としてはほんのわずかですが……）。具体的には、Google AdSense（クリック型広告）と、Amazon Associates（Amazonのアフィリエイトサービス）を利用しています。自分がおすすめできるサービスや本などを紹介して読者に役立つことができ、広告収入を得られるのであれば良いビジネスと考えています。ブログを運営している税理士であれば、ぜひ試していただきたいネットビジネスです。

・　デジタルコンテンツ販売

　HP上で、セミナーで話した内容をデジタルコンテンツ（動画）にして販売しています。決済までHP上で完結できる仕組みを作りました。

　特に税理士の方であれば、自身のノウハウを何らかのデジタ

ルコンテンツ（文書、音声、動画等）にまとめて販売できれば宣伝にもつながりますし、あらたな収益源にもなります。

- YouTube

2020 年の秋頃から、YouTube をはじめました。「いやいや、税理士 YouTuber なんて一握りの人がなれるものだから……」と思う人もいるかもしれませんが、筆者は YouTuber になって直接広告収入を得ることを目指してはいません（本書初版の執筆後、収益化の条件をクリアしましたが、収入は微々たるものです……）。税理士業を行いながら YouTuber になって稼ぐことは不可能ではありませんが、非常にハードルが高いものです。それよりも、話す練習として、知ってもらうきっかけとして利用する、つまり営業ツールとして利用することをおすすめします。

- 電子書籍販売

2021 年、2022 年に Amazon の出版サービス（KDP）で 2 冊、出版しました。読者対象は同業者である税理士で、独立と営業について書きました。自分でテーマとターゲットを決め、スピーディーに出版できる点がメリットです。紙の書籍の出版を目指している方は、手始めとして Kindle 出版がおすすめです。

- 暗号資産

2017 年頃から、暗号資産を保有しています。早い時期から触れたのは、その仕組みや思想に魅了されたからです。新しい

テクノロジーの体験に、非常にワクワクしました。

　ただし、暗号資産はかなり計算が複雑です。お客様に急に依頼されたとき躊躇してしまう税理士の方も多いでしょう。そこで、自身でまず少額の取引をして、明細をもとに申告してみると、人に教える力が身につき、おすすめです。

- Defi

　2021 年の初めに、Defi に挑戦しました。「Compound」というプラットフォームを利用して、暗号資産の USDT（テザー）を預け入れて、実際に利息を得てみました。最初は半信半疑でしたが、日々利息が積み上がっていく様子をみて、「本当にプログラムだけで動く銀行があるんだ」ということを実感しました。これまで当たり前と思っていた中央集権型の金融から、分散型の金融へ移行する可能性を感じました。

　2023 年 7 月現在も、Defi に預け入れた暗号資産には、日々利息が付与されています。

- NFT 出品

　2021 年の 10 月、自分で作った NFT を、プラットフォームである Opensea へ出品することに挑戦しました。自作 NFT の元となったデジタルデータは、自分で手書きした「おばあちゃんの絵」を、お絵描きソフトで加工したものです。実際にウェブウォレットを作って、イーサリアムを送付して、Opensea と接続して、GAS 代を払ってミント（発行）して……という一連の手続きをして、「NFT はこうやって発行するんだな」ということを体感できました。自分のデータがイーサ

リアムネットワークにきちんと刻まれているのを見て、感動した記憶があります。

　NFT が「唯一無二のデジタルデータであることを証明できるもの」ということは、実際触ってみないとなかなか理解できない概念だと思います。実際に発行・購入することを体験すれば、その「価値」を実感できるはずです。

• 　ブロックチェーンゲーム
　2021 年、2022 年にブロックチェーンゲームが流行ったことをきっかけに、私も 2 つ試してみました。
　ひとつは、東南アジアで流行した「Axie Infinity」というゲームです。「Axie」というキャラクターNFT を購入し、暗号資産を入手し、実際に円に換えることができました。「Play to Earn」という名の通り、遊んで稼ぐことを体験しました（ゲーム自体すぐに飽きてしまい、やめてしまったのですが……）。
　もうひとつは、「STEPN」というゲームです。デジタルスニーカーの NFT を購入し、実際に歩いたり走ったりすると暗号資産を獲得できるゲームです。一時期、1 日で数万円程度稼げるようなバブルの時期がありました（2023 年 7 月時点では、バブルは落ち着いています）。私は元々走ることが好きなので、今でもこのアプリは利用し続けています。
　いずれも人のインセンティブ（楽しむ・健康になるだけでなくお金を得る）を利用した、興味深いツールということを実感しました。ただ、持続可能なゲームにするためには「お金を稼げる」という特徴だけでなく、ゲーム自体の面白さが必要ということも実感しました。

- メタバース

　実際にメタバース内で稼いだわけではありませんが、メルマ
ガ読者限定でメタバースで集まる、アバターを作ってメタバー
スで動かす、といったことを体験しました。

　実際にやってみて、Zoom と違った身体感覚があることに
驚きました。拍手、効果音、表情なども変えることができるの
で、より「その場の臨場感」を味わうことができました。

　メタバースに関してはまだ技術が追いついておらず、リアル
と同程度の感覚を持つことは難しいですが、現時点で活用でき
る場面は多いと感じました。今後、VR だけでなく AR、XR な
どのサービスが続々と活用される未来がくると思うと、ワクワ
クします。

新しい組織の形態 DAO

　DAO は Decentralized Autonomous Organization の略で、分散型自律組織と呼ばれます。その特徴は、従来の株式会社のように株主がいて、代表取締役がいて、その下に取締役、従業員がいて……といった中央集権型ではなく、ヒエラルキーのない横型の分散型の組織である点です。そして、その運営にはブロックチェーン、スマートコントラクト、NFT といった技術が使われることが通常です。

　一番最初の本格的な DAO は、暗号資産で最も有名な「ビットコイン」でしょう。ビットコインは、「サトシナカモト」という人間が 2008 年に書いた論文によって創設されたといわれていますが、いまだ創設者が誰なのかが明らかになっていません。それでも、ビットコインの世界観に魅了された人たちが開発を続け、マイナーたちがインセンティブに基づいてマイニングを行い、トップに人間がいなくても自律的に動き続けています。

　本書で紹介した「Nouns DAO」は、以下の点において、NFT、Tresury Wallet を活用した技術的にも、考え方的にも純度の高い DAO といえます。

・株式会社の資金調達と同じような仕組みになっていながら、透明性が担保されている
・資金の使途がすべて透明化されている
・資金を提供したもの（NFT 購入者）が平等に経営に参加できる

・すべての取引がフルオンチェーン（NFT にかかわるデータがすべてブロックチェーン上に保存されている状態）上で動いているため、GAFAM のような巨大企業や国の支配を受けずに半永久的に存在できる

　日本でも、「○○ DAO」といった名称で DAO が創設されています。その形態はさまざまで、Nouns DAO と同じような形態で Treasury Wallet を運用している DAO もあれば、オンラインサロンのコミュニティの延長線のような形で DAO が運営されている場合もあります。まだまだこの領域に関しては法律的にも未成熟であり、「これが DAO」といえるものはありません。しかし、これまで中央集権的な組織に抵抗のあった人たちがさまざまな DAO に所属することによって仕事を得ることが可能となる未来が、技術の発展により、もうすぐ来るかもしれません。

第2節 デジタル資産の譲渡の税務

　この節では、デジタル資産が譲渡される場合の、税務上の留意点を解説します。デジタル資産には有体物と違って所有権がなく、価値の移転が見えにくく、評価額を算定しにくい点が特徴です。特に、**デジタル資産の評価、個人・法人間の取引**に注意が必要です。

　そこで、まず各デジタル資産が譲渡された時に課税対象となるか検討し、次に譲渡する側・譲渡される側を個人・法人に区別した上でデジタル資産の評価額を含めた税務上の留意点を解説します。

① 「資産」とは

　譲渡所得の対象となる「資産」とは、棚卸資産など継続して譲渡されるもの以外の一切の資産とされています（ただし、貸付金や売掛金などの金銭債権は除かれます）。土地、建物、株式等のほか、著作権、営業権等の目に見えない資産も含まれます。つまり、本書のテーマである**デジタル資産も含まれる**こととなります。

② デジタル資産の譲渡に係る税金

　どのようなデジタル資産に、譲渡に係る税金が課されるのか、検討します。

(1) 暗号資産

　個人が暗号資産を譲渡した場合に譲渡益が発生している場合は、原則雑所得として所得税が課され、法人の場合は、譲渡益に法人税が課されます。

(2) NFT

　NFTを譲渡した場合に譲渡益が発生している場合には、個人には原則譲渡所得として所得税が、法人には法人税が課されます。

(3) デジタルコンテンツ

　情報商材等のデジタルコンテンツを譲渡する場合には、通常は営利を目的としたものであり、個人の場合は譲渡所得ではなく事業所得か雑所得として所得税が課され、法人には法人税が課されます。

　また、Amazonや楽天等のプラットフォーム上で購入した、あるいは自ら執筆した電子書籍を第三者に譲渡することは、規約上禁止されています（Amazon Kindle ストア利用規約、Kobo 利用規約より）。したがって、プラットフォームを利用してデジタルコンテンツを所有している場合、アカウントに紐付けられているため、第三者への譲渡は想定されていません。どちらかというとこれらのデジタルコンテンツは、相続や贈与時に税務上の論点となる可能性があります（**第4節**参照）。

(4) ブログサイト・アフィリエイトサイト・動画チャンネル

　収益を生み出しているブログサイト・アフィリエイトサイト・動画チャンネルは上記のデジタルコンテンツと同様アカウントを紐付けられており、第三者に譲渡することは、レンタルサーバの運営会社、ASP の規約上禁止されているものもあります。しかし、譲渡が実質的に行われることは、状況としては想定できます。アカウン

トの名義や、支払先の変更手続等によって、実質的に譲渡が可能だからです（**図表2-7**）。実際、Webサイト上でドメイン[3]の売買が行われているケースもあります。古くからある、有名企業が有していたドメインは、SEO[4]対策に効果的であるため、高いアクセス数によるインターネット広告収入が見込めるからです。

| 図表2-7 ブログサイト・アフィリエイトサイト・動画チャンネルの譲渡

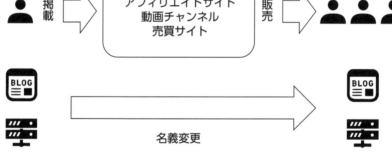

通常、第三者への譲渡であれば、対価のやりとりが行われます。

たとえば、インターネット広告事業を行っていた法人または個人が、事業譲渡するにあたって、運営していたブログサイトをネットの売買サイトを通じて売却する場合です。この場合、法人の場合には譲渡対価に法人税が課されます。

また、個人が売却する場合、ブログサイトは棚卸資産には該当し

---

[3] ドメイン……IPアドレス（ネットワーク内での識別番号のこと）を言い換えたもの。インターネット上の住所にあたる。

[4] SEO……Search Engine Optimization の略。検索エンジンの検索結果のページ上位にサイトが表示されるためのさまざまな手法のこと。

ませんし、営利を目的として継続的に行われる資産の譲渡にも該当
しないため事業所得には該当せず、譲渡所得として課税対象になる
と考えられます。この場合、対価が適正かどうかという問題があり
ますが、少なくともネットオークションなどで第三者に売却する場
合には、それが時価に近いものと考えて良いかもしれません。

　動画についても、実際に、「登録者数〇万人」をアピールした動
画チャンネルの売買サイトも存在しています。

　これらのインターネット上の収益を生み出しているサイトは、契
約などを交わさずに契約変更などで容易に価値が移転できてしまい
ます。したがって、適正な評価額の算定も重要なポイントとなります。

③　個人がデジタル資産を譲渡した場合の税務

　ここでは、上記デジタル資産が譲渡された場合の税務を、譲渡す
る側・譲り受ける側を個人・法人に分けて解説します。

(1) 個人が、個人にデジタル資産を譲渡した場合

　個人が、個人にデジタル資産を譲渡した場合、その譲渡による収
入がその資産の取得費、譲渡費用および特別控除額を上回っていれ
ば、譲渡所得として所得税が課されます。

　購入側の個人は、基本的には税金の負担は生じません。

　ただし、デジタル資産を著しく低い価額（時価の 2 分の 1 未満）
で譲渡した場合には、譲渡する側の個人は譲渡損が生じていても、
その譲渡損はなかったものと取り扱われます。著しく低い価額で譲
り受けた側の個人には、**贈与税**が発生します。このとき、譲り受け
た側にとっての著しく低い価額の判定は、「時価の 2 分の 1 である

か」は関係なく、個々の取引の事情、個人間の関係等を総合的に勘案して判定します。

　個人から個人へのデジタル資産の譲渡の、具体的な例を挙げてみます。

　たとえば、NFT を個人間で売買する場合です（**図表 2-8**）。個人 A が購入した NFT を、個人 B に譲渡した場合を考えてみます。NFT は有名なコレクションで、マーケットプレイスでも出回っており、floor price（底値）も明らかであるとします。譲渡は直接 A と B のウォレット間で行われ、マーケットプレイスを通じていないと仮定します。通常 A はこの floor price 以上の価格を設定するはずですが、B とは知り合いであるため floor price より大幅に安く、もしくは無料で提供したと仮定します。

　このとき、A は NFT の対価と購入したときの価額の差がプラスであれば譲渡所得として所得税を納め、マイナスであれば納税の必要は通常ありません。しかし、前述した通り NFT を floor price の 2 分の 1 未満にするなど、著しく低い価額で譲渡した場合には、その譲渡損はなかったものとして取り扱われます。したがって、他に譲渡所得があった場合には譲渡損と相殺することができません。

　一方、B は NFT を購入しただけなので原則として何も税金の負担は発生しません。ただし、個人から著しく低い価額で、または無償で資産を譲り受けた場合には贈与税が発生しますので、NFT の価額によっては贈与税の負担が発生する可能性があります。特に個人間のデジタル資産の移転は容易ですが、このような価値移転による思わぬ税負担のリスクには注意が必要です。

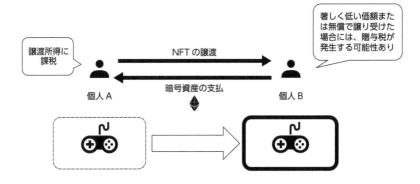

図表 2-8 個人が、個人にデジタル資産を譲渡した場合

譲渡所得に課税

NFT の譲渡

暗号資産の支払

個人 A   個人 B

著しく低い価額または無償で譲り受けた場合には、贈与税が発生する可能性あり

(2) 個人が、法人にデジタル資産を譲渡した場合

　個人が、法人にデジタル資産を譲渡した場合は、その譲渡による収入がその資産の取得費、譲渡費用および特別控除額を上回っていれば、譲渡所得として所得税が課されます。

　購入側の法人は、基本的には税金の負担は生じません。

　ただし、デジタル資産を法人に贈与または遺贈、もしくは時価の2分の1未満の対価で譲渡した場合には、贈与する側の個人は**時価による譲渡**が行われたものとみなされ、譲渡所得として所得税が課されます（所法 59 ①）。この場合には譲渡を受けた法人は、**受贈益**として法人税が課されます。

　個人から法人へのデジタル資産の譲渡の、具体的な例を挙げてみます。

　たとえば、個人 A が運営していた YouTube チャンネルを、法人 X（A が代表をつとめる会社）に譲渡するケースです（**図表2-9**)。YouTube などアカウントベースのインターネット広告事業の場合、「譲渡」と意識しなくても、アカウントの変更で実質的に譲渡となるケースも多いと考えられます。

この場合、個人 A にはいったんその YouTube チャンネルの営業権等を譲渡したものとして、所得税が課される可能性があります。個人から法人に収益を生み出すデジタル資産を簡単に移転できてしまうと、税金の操作が可能となってしまうからです。このとき、無償あるいは時価の 2 分の 1 未満で法人に譲渡した場合には、個人 A は時価により譲渡したものとみなされます（みなし譲渡所得課税）。法人 X には、受贈益として法人税が課される可能性があります。

図表 2-9 ＞ 個人が、法人にデジタル資産を譲渡した場合

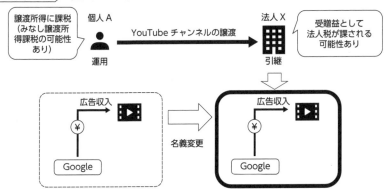

　実際は、個人から法人へのアカウント変更は気軽に行われており、その際の対価や、譲渡所得を認識している人は稀でしょう。ただ、年間数億円などを稼ぎ出す個人が簡単に法人に所得移転できてしまうと、税率の操作による納税額の減少額も無視できないものになります。現時点で明るみになっている問題ではありませんが、今後は税務署のほうでも、なんらかの形で個人から法人への所得移転を把握していく可能性があります。

　安易に個人から法人へ所得移転をさせようとすると、個人にも、法人にも課税が発生しますので、相談があった場合には充分にリスクを説明する必要があるでしょう（**第 4 章第 2 節①**参照）。

④ 法人がデジタル資産を譲渡した場合の税務

(1) 法人が、個人にデジタル資産を譲渡した場合

　法人が、個人にデジタル資産を譲渡した場合、その譲渡による収入がその資産の取得費、譲渡費用を上回っていれば、売却益として法人税が課されます。現時点では多く想定されるケースではありませんが、たとえば法人が報酬やインセンティブの一部として、何らかのデジタル資産を従業員その他の関係者に付与する場合が考えられます。

　法人が個人にデジタル資産を譲渡した場合は、時価で譲渡したものとされます。

　通常、会社が従業員等に何らかのインセンティブを与えるためにデジタル資産を譲渡する場合には、時価よりも低い価額、または無償で譲渡する場合が多いでしょう。「取引額＜時価」である場合には、下記㋐㋑の区分に応じて法人、個人いずれも課税が発生しますので、注意が必要です。

㋐　役員、従業員にデジタル資産を安く譲渡した場合

　法人が、役員、従業員にデジタル資産を安く譲渡した場合、時価と売却額の差額がそれぞれ**「役員賞与」「賞与」**となります。従業員の賞与の場合には法人にとっては損金となりますが、役員賞与の場合には基本的に損金になりませんので、この分は法人税が増加することになります。

　一方、譲渡された個人には、時価と購入額の差額については給与所得として所得税が課されます。法人側が源泉所得税の徴収をし、個人に代わって税務署へ納めます。

㈠ 第三者にデジタル資産を安く譲渡した場合

　法人が、社外の第三者にデジタル資産を安く譲渡した場合、デジタル資産の時価と売却額との差額を「寄付金」として処理する必要があります。外部の外注先である個人に、通常の報酬とは別に、インセンティブを与えるために付与するケースが考えられます。法人の寄付金は、限度額が定められており、全額損金にはなりません。したがって、損金にならなかった部分については法人税が増加することになります。

　一方、譲渡された個人は、時価と購入額の差額については所得税が課されます。

　法人から個人へのデジタル資産の譲渡の、具体的な例を挙げてみます。

　たとえば、法人 X が役員・従業員に自社が発行した何らかのユーティリティがついた NFT を無償で付与する場合です（図表2-10）。NFT は、ブロックチェーン上のマーケットプレイスでも売りだされており、市場価格が明らかであるものとします。

　この場合、譲渡した法人 X はそのときの NFT の時価を役員賞与または賞与として処理します。一方、譲渡された役員・従業員に対しては、そのときの NFT の時価が給与所得として所得税が課されます。実際は、会社のほうで源泉徴収をして税務署に納めることになります。2023 年 7 月時点では、税制適格のストックオプションのような課税の繰延制度はないため、即時に給与所得となる点に注意が必要です。

図表 2-10　法人が、個人にデジタル資産を譲渡した場合

役員賞与または賞与として費用処理　法人 X　自社発行の NFT　従業員・役員　給与所得課税

外注費（寄付金）として費用処理　法人 X　自社発行の NFT　個人事業者　事業所得または雑所得課税

　NFT を社内以外の取引先（たとえば、業務請負契約の個人事業者）に無償で譲渡した場合は、法人 X はそのときの NFT の時価を外注費（寄付金）などで処理します。一方、譲渡された個人事業者は、そのときの NFT の時価を事業所得または雑所得として処理します。この場合、従業員と違って源泉徴収されずに、個人事業主は自分で確定申告する必要があることを説明しておく必要があるでしょう。

（2）法人が、法人にデジタル資産を譲渡した場合

　法人が、法人にデジタル資産を譲渡した場合は、時価で譲渡したものとされます。親子会社間や、提携している会社間でデジタル資産の取引をするケースが考えられます。

　購入する法人は、デジタル資産の時価が購入額と一致していれば税金の負担は生じません。

　「取引額＜時価」である場合には、以下の取扱いとなります。

　法人が別の法人にデジタル資産を安く譲渡した場合、デジタル資産の時価と売却額との差額を**「寄付金」**として処理する必要があります。法人の寄付金は、限度額が定められており、全額損金にはなりません。したがって、損金にならなかった部分については法人税が増加することになります。

一方、譲り受けた法人にとっては、時価と購入額との差額は「**受贈益**」として処理され、法人税が課されます。

法人から法人へのデジタル資産の譲渡の、具体的な例を挙げてみます。

たとえば、暗号資産を運用している親会社である法人Ａが、暗号資産の運用を任せるべく、100％子会社の法人Ｂに暗号資産を無償で譲渡するケースです。この場合、法人Ａは暗号資産を時価で譲渡したものとされます。したがって、そのときの暗号資産の時価を「寄付金」として処理します。一方、子会社の法人Ｂは、暗号資産が贈与されたことになりますので、そのときの暗号資産の時価を「受贈益」として処理します（図表2-11）。このケースでは、100％親子会社間の取引になりますので、親会社の寄付金は損金不算入、子会社の受贈益は益金不算入となり、企業グループ全体としては税金の影響はありません。仮に法人Ａと法人Ｂに資本関係がない場合には、法人Ａにとっては寄付金の一部が損金不算入となり、法人Ｂにとっては受贈益が生じて、双方に法人税が課されることになるため、注意が必要です。

図表2-11 ▷ 法人が、法人にデジタル資産を譲渡した場合

⑤ デジタル資産の時価をどう評価するか

以上で見てきた通り、デジタル資産を無償または時価と異なる価額で譲渡する場合、意図しない納税が発生する可能性があります。

したがって、**適正な時価**の算定が重要です。しかし、デジタル資産の中には、評価が難しいものがあります。

1 つの方法として、**財産評価基本通達**を参考にする方法が考えられます。詳しくは**第 4 節**で後述しますが、たとえば NFT や電子書籍であれば著作権の評価、ブログサイト・アフィリエイトサイト・動画チャンネルであれば著作権または営業権の評価を基準に行う方法です。ただ、それで算出した金額が時価を正しく反映しているとは限りません。

もう 1 つの方法として、ブログサイト・アフィリエイトサイト・NFT のマーケットプレイス等のデジタル資産の売買サイトにて**いくらで売買されているか**を知る方法です。この場合、PV（ページビュー）数、チャンネルの登録者数、月の広告収入金額、floor price などが参考になるでしょう。

デジタル資産に係る消費税と
インボイス制度

　この節では、デジタル資産に係る消費税の実務上留意する点と、インボイス制度について解説します。

　具体的には、以下のポイントを確認します。

---

① 　デジタル資産の消費税の課税対象の判定
② 　インボイス制度とデジタル資産の関係

---

① 　デジタル資産の消費税の課税対象の判定

　デジタル資産とそれに基づく電子取引は目に見えないものであり、「どこで」取引が行われたかがはっきりしないものもあります。その点を踏まえ、消費税の課税対象の判定をどのように行うかを検討していきます。

(1) 消費税の概要

　消費税の課税対象は、

・国内取引であること
・事業者が事業として行うものであること
・対価を得て行われるものであること
・資産の譲渡および貸付けならびに役務の提供であること

を満たすものです（消法4）。

　このうち、非課税取引（土地や有価証券の譲渡等）が除外され、輸出免税等に該当するものは消費税が免除されます（**図表2-12**）。

図表 2-12 > 消費税の区分の判定

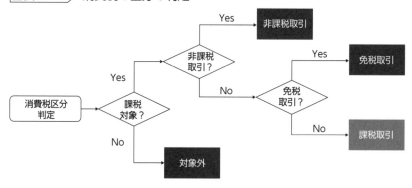

（2）国境を越えた電気通信利用役務の提供に係る消費税

　デジタル資産の取引は、**国境を簡単に越えてしまう**ものです。そこで、2015年に創設された「国境を越えた電気通信利用役務の提供に係る消費税」の理解が必要となります。

⑦ 概　　要

　消費税の課税対象要件の1つである国内取引の判定は、役務の提供の場合、原則として、その役務の提供が行われた場所で行われます。

　ただし、「国境を越えた電気通信利用役務の提供」に関しては、例外として、**その役務の提供を受ける者の住所または本店の所在地**で判定します。この取扱いは、電子書籍の販売やインターネット広告配信など、拠点をおかずにグローバルに活動する巨大企業への課税権の拡大、国内企業との公平性を確保するため、同年に

創設されたものです。

(イ) 電気通信利用役務の提供とは

　電気通信利用役務の提供とは、インターネット等を介して行われる電子書籍の販売、音楽・ソフトウェアの配信の他、ネット広告の配信、クラウドサービスの提供、メールやオンラインツール等を利用したコンサルティングなどが該当します。

・インターネットを通じて行われる電子書籍・電子新聞・音楽・ソフトウェア（ゲームなどのさまざまなアプリケーションを含みます）の配信
・顧客に、クラウド上のソフトウェアやデータベースを利用させるサービス
・顧客に、クラウド上で顧客の電子データの保存を行う場所の提供を行うサービス
・インターネット等を通じた広告の配信・掲載
・インターネット上のショッピングサイト・オークションサイトを利用させるサービス（商品の掲載料金等）
・インターネット上でゲームソフト等を販売する場所を利用させるサービス
・インターネットを介して行う宿泊予約、飲食店予約サイト（宿泊施設、飲食店等を経営する事業者から掲載料等を徴収するもの）
・インターネットを介して行う英会話教室

（国税庁「国境を越えた役務の提供に係る消費税の課税の見直し等について（国内事業者の皆さまへ）平成 27 年 5 月」より一部修正）

(ウ) 納税義務者

　国境を越える電気通信利用役務の提供が、事業者向けか消費者向けかによって、納税義務者が異なります。

Ⓐ 事業者向け電気通信利用役務の提供の場合

　<mark>事業者向け電気通信利用役務の提供</mark>とは、その役務の性質や条件からして、通常事業者向けに限られるものを指します。たとえば、ネット上での広告の配信、ゲームなどのアプリをWeb上で販売する場所を提供するサービスは通常、事業者向けと判断されます。

　この場合、本来消費税を納めるのは日本の事業者に広告の配信等を行う国外事業者ですが、国外事業者みずからが消費税を納めるのではなく、サービスの提供を受ける国内事業者が代わりに消費税を預かって納める方式が採られています（**図表2-13**）。

図表 2-13　事業者向け電気通信利用役務の提供の場合

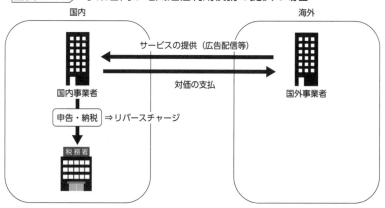

　一方、国内事業者が国外事業者に支払ったサービスの消費税

には仕入税額控除が適用されます。この方法を「リバースチャージ方式」といいます。

　ただし、課税売上割合が95％以上の事業者は、当分の間、国外事業者に支払ったものに関する消費税を認識しなくても良いことになっています。簡易課税制度を採用している事業者も同様です。したがって、リバースチャージ方式は土地や医療、有価証券等の非課税売上が大きな事業者など、課税売上割合が95％未満の者にだけ影響を与えるルールです。

Ⓑ　消費者向け電気通信利用役務の提供の場合

　消費者向け電気通信利用役務の提供とは、事業者向け以外のものをいいます。たとえば、広範囲にわたって消費者を対象にインターネット上で配信される電子書籍・音楽・映像が挙げられます。Amazon や Netflix などを思い浮かべるとわかりやすいでしょう。なお、「消費者向け」とありますが、内容によっては提供先が事業者の場合もあります。たとえば、HP で事業者向けの商品が販売されていても、事業者以外の者からの申込みを事実上制限できないものが挙げられます。

　消費者向けの電気通信利用役務の提供の場合、国外事業者が、みずから日本の消費税を納めることになります（**図表2-14**）。なお、サービスの提供を受ける国内事業者は、「登録国外事業者」（あらかじめ国税庁に住所、氏名等を登録している国外事業者）からの仕入である場合のみ、支払った消費税を差し引く（仕入税額控除を適用する）ことができます。したがって、サービスの提供を受ける国内事業者は、支払先が登録国外事業者であるかを、あらかじめ国税庁の HP で確認する必要があります（2023 年 7 月現在、登録国外事業者は 155 件登録されています）。

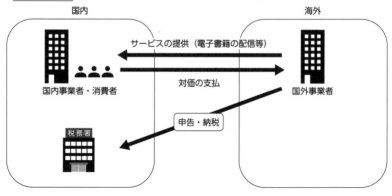

図表 2-14 消費者向け電気通信利用役務の提供

国内　　　　　　　　　　　　　　　　　　海外

サービスの提供（電子書籍の配信等）

国内事業者・消費者　　　　対価の支払　　　　　国外事業者

申告・納税

税務署

(3) デジタル資産・電子取引の消費税区分の判定

　以上を踏まえて、ここまで紹介したデジタル資産の電子取引の消費税区分の判定を検討します。

㋐ デジタル金融資産の消費税

　デジタル資産のうち、金融資産については従来の資産の取扱いと異なる点はありません。

　Ⓐ　ネット銀行口座（普通預金等）
　普通預金等を譲渡した場合には、支払手段の譲渡にあたるため、消費税は非課税の取扱いとなります。

　Ⓑ　ネット証券口座（有価証券等）
　国債や株券などの有価証券等を譲渡した場合には、消費税は非課税の取扱いとなります。

Ⓒ　電子マネー・QR コード決済

　電子マネー・QR コード決済残高を譲渡した場合には、支払手段の譲渡にあたるため、消費税は非課税の取扱いとなります。

Ⓓ　ポイント・マイル

　ポイント・マイルを譲渡した場合には、支払手段の譲渡にあたるため、消費税は非課税となります。

　なお、事業活動におけるポイント・マイルを利用する側、付与する側の消費税の取扱いは、以下の通りです。

　利用者側は、ポイントを付与された場合、付与時にはまだ権利行使していないため消費税を認識しません。ポイントを利用し、ポイントが値引き扱いとされている場合には、値引き後の金額が消費税の課税対象となり、課税仕入れとして処理します。ポイントが値引き扱いとされていない場合には、値引き前の金額が消費税の課税対象となり、ポイント分は消費税の対象外となります（雑収入等で別途処理します）。

　仕入先等からキャッシュバックが行われた場合には、費用のマイナス扱いとされるため、仕入れに係る対価の返還等（仕入れ以外のキャッシュバックの場合には、対象外）として処理を行います。

　ポイント付与側は、自社発行のポイントを付与した場合、ポイント付与時は、消費税を認識しません。ポイント利用時は、ポイント分の値下げ後の売上金額が課税対象となります。

　買い物に応じてキャッシュバックを行った場合には、キャッシュバックは販売促進費としての性質を持つため、「売上にかかる対価の返還等」として処理をします（クレジットカード利

用やキャッシュレス決済によるキャッシュバックは、買い物に対する値引きではないため消費税区分は対象外です）。

Ⓔ　暗号資産の譲渡

　暗号資産の譲渡（使用）は、支払手段の譲渡にあたるため、消費税は非課税の取扱いとなります。

Ⓕ　暗号資産のレンディング

　暗号資産のレンディングは、交換業者との契約で、契約満了時に利用料が支払われることが決まっているため対価を得て行う資産の貸付けとなります。したがって、利用料を対価とする暗号資産の貸付けに該当し、**消費税の課税対象**となります。

Ⓖ　Defi

　国税庁から明確な見解は出ていないですが、明確な取引相手がおらず、性質としては預金利息に近いため、対象外または非課税の取扱いになると考えられます。

(イ)　**インターネット広告**

　国内の ASP に対する売上であれば、消費税の課税対象となります。

　国外の ASP に対する売上の場合は、インターネット広告は「国境を越える電気通信利用役務の提供」に該当するため、役務の提供を受ける者の所在地で国内取引かどうかを判定します。したがって、役務の提供を受ける者（国外の ASP）の所在地は国外にあるため、消費税は対象外の取扱いとなります。

㈅ 暗号資産のマイニング

暗号資産のマイニングは、対価性がない（ネットワークを維持するための作業に対するものであり、取引相手がいない）ため、消費税は対象外の取扱いとなります。

㈇ 暗号資産のステーキング

暗号資産のステーキングについても、マイニングと同様対価性がないため、消費税は対象外の取扱いとなります。

㈈ NFT の譲渡

NFT の譲渡の形態によって、取扱いが異なります。国税庁の「NFT に関する税務上の取扱いについて（情報）」は、以下の２つのケースが紹介されています。

①はデジタルアートの制作者がマーケットプレイスを通じて消費者に NFT の利用（たとえば SNS のアイコンにするなど）の許諾をして対価を受け取った場合、②はマーケットプレイスを通じて NFT（利用権）を転売して対価を受け取った場合です。

図表 2-15 ▷ NFT の譲渡の形態と税務上の取扱い

形　態	譲渡の区分	内外判定
①著作物の利用の許諾	電気通信利用役務の提供	役務の提供を受ける者の住所等
②著作物の利用権の移転	著作物の利用権の譲渡	譲渡を行う者の事務所等の所在地

①の場合、電気通信利用役務の提供となりますので、役務の提供を受ける者の住所等が国内であれば課税対象、国外であれば対象外となります。

②の場合、譲渡を行う者の住所等の所在地が日本であれば課税

対象、国外であれば対象外です。なお、課税対象でも譲渡先が非居住者の場合には輸出免税等の対象となります。

　ただ、実際は、個々のNFTの売買において契約を結んでいるケースはほとんどなく、かつブロックチェーン上の取引は匿名であることが前提であるため、契約の形態や譲渡先が明確でないことがほとんどでしょう。中には、最初から著作権を完全に放棄することを明確にして売り出すNFTもあります。このように、NFTは従来の取引のように一律にルールを当てはめることがまだ難しく、個々のケースを見て慎重に判定をしていく必要があります。

㋕　ブログサイト・アフィリエイトサイト・動画チャンネルの譲渡

　事業として運営していたブログサイト・アフィリエイトサイト・動画チャンネルを、名義変更等により他者に譲渡した場合の消費税の取扱いを検討します。

　まず、<u>国内で行われた取引かどうか</u>を判定します。原則は、ブログサイト・アフィリエイトサイト・動画チャンネルの譲渡が行われる時においてこれらが所在していた場所により判定します。

　ただ、モノと違ってブログサイト・アフィリエイトサイトなどのデジタル資産が譲渡時にどこに所在していたかを判定することは困難です。思いつくものとしてサーバの所在地が考えられますが、サーバの所在地が必ずしも消費されている場所とはいえません（遠く離れた外国にサーバが設置されているケースも少なくありません）。

　そこで、下記の無形資産の国内取引の判定を参考に検討します。

図表 2-16 無形資産の国内取引の判定

資産の例	判定場所
特許権、実用新案権、意匠権、商標権等	権利の登録機関の所在地 ただし、2以上の国において登録している場合には、その譲渡または貸付けを行う者の所在地
著作権、ノウハウ等	その譲渡または貸付けを行う者の所在地
営業権、漁業権、入漁権	その権利に係る事業を行う者の所在地
上記以外で、その所在場所が明らかでないもの	その譲渡または貸付けを行う者の事務所等の所在地

　上記表に当てはめると、内容的には著作権・営業権に近いものと考えられます。著作権の国内取引の判定場所は「その譲渡または貸付けを行う者の所在地」、営業権の国内取引の判定場所は「その権利に係る事業を行う者の所在地」です。つまり、**ブログサイト・アフィリエイトサイト・動画チャンネルを運営する人の住所（または事業所）**が国内にあれば、国内取引に該当すると考えられます。

　したがって、国内で運営されているブログサイト・アフィリエイトサイト・動画チャンネルの譲渡は課税対象になると考えられます。ただし、譲渡先が海外の非居住者である場合には、非居住者に対する無形固定資産等の売却ですので輸出免税取引に該当し、消費税は免除されると考えられます。

　ブログサイト・アフィリエイトサイト・動画チャンネルは、土地や建物のように所有権が存在せず、譲渡の実態が把握しづらい性質があります。今後、マイナンバーなどなんらかの個人情報を結びつける方法で、税務署が取引を把握できる仕組みが整備され

ることが予想されます。

② インボイス制度とデジタル資産の関係

　2023年10月1日からインボイス制度が始まります。このインボイス制度がデジタル資産の取引にどう関わるのか、理解しておくことが必要です。そこでまずインボイス制度について概要を説明し、具体的なデジタル資産の取引への影響を解説します。

(1) インボイス制度とは

　インボイス制度とは、消費税の仕入税額控除の要件に、帳簿に加えて**インボイスの保存を義務付ける制度**です（なおインボイスの正式名称は「適格請求書」ですが、「インボイス」で統一します）。

(2) インボイス制度導入の背景

　日本では、仕入税額控除の要件として帳簿および請求書等の保存が義務付けられていました。しかし、2016年度税制改正により、消費税の軽減税率制度が導入されたことを背景に、消費税の徴収を確実に行うこと等の目的のため、日本でもインボイス制度が採用されることになりました。

(3) 区分記載請求書等保存方式とは

　2023年10月1日よりインボイス方式への転換が決定していますが、中小企業にとっては負担の大きな変更です。そこで、経過措置として2019年10月1日から2023年9月30日までの期間に限り、帳簿および請求書等に記載する事項に軽減税率対象品目である旨、税率区分ごとの合計請求額を追加した区分記載請求書等保

存方式により、仕入税額控除が認められることとされました。この期間は、インボイスの導入準備段階でした。

(4) インボイスの記載事項

　事業者が発行するインボイスには、以下の記載事項が必要となります。

> 1.　インボイス発行事業者の氏名または名称
> 2.　**インボイス発行事業者の登録番号**
> 3.　取引年月日
> 4.　取引内容（軽減税率対象品目である場合には、その旨）
> 5.　**取引の税抜価額または税込価額を税率ごとに区分して合計した金額**および**適用税率**
> 6.　**税率ごとに区分した消費税額等**
> 7.　書類の交付を受ける事業者の氏名または名称

　区分記載請求書の記載事項に加えて、2.、5.、6. を記載しなければならない点が特徴です。

(5) インボイス発行事業者の登録制度

　インボイスは、消費税の課税事業者であれば誰でも発行できるわけではありません。税務署へ届け出ることによって、はじめて発行できます。

　具体的には、納税地の所轄税務署長に「適格請求書発行事業者の登録申請書」を提出する必要があります。適格請求発行事業者の名称と登録番号は、インターネットを通じて公表されます。

　2023 年 10 月 1 日からインボイス発行事業者としてインボイスを発行したい事業者は、2023 年 9 月 30 日までに登録しなければなりません。それ以降は、登録をしたい日から起算して 15 日前の

日までに登録申請書を提出すれば良いこととなっています。

(6) 簡易インボイスとは

　小売業、飲食店業、写真業、旅行業、タクシー業、駐車業等のように不特定多数を取引先とする事業を営む場合には、インボイスに代えて簡易インボイスというものを交付することができます。従来のレシートのようなものです。

　簡易インボイスの記載事項は、以下の通りです。

1.　簡易インボイスの発行事業者の氏名または名称
2.　簡易インボイス発行事業者の登録番号
3.　取引年月日
4.　取引内容（軽減税率対象品目である場合には、その旨）
5.　取引の税抜取引価額または税込取引価額を税率ごとに区分して合計した金額
6.　5. に対する消費税額および地方消費税額または適用税率

　以上の通り、簡易インボイスの場合には、消費税額および地方消費税額または適用税率のいずれかの記載で良いこととされており、書類の交付を受ける事業者の氏名または名称の記載が不要です。

(7) インボイスが不要である場合

　次の場合には、課税仕入れを行った事業者においてインボイスの保存を省略することができます。したがって、一定の事項が記載された帳簿の保存のみで、仕入税額控除が認められます。

- 公共交通料金（3万円未満のものに限る）
- 入場券等で使用の際に回収されるもの
- 古物業を営む者がインボイス発行事業者でない者から買い受ける販売用の中古自動車など
- 質屋を営む者がインボイス発行事業者でない者から買い受ける販売用の質物
- 宅地建物取引業を営む者がインボイス発行事業者でない者から買い受ける販売用の中古建物など
- インボイス発行事業者でない者から買い受ける販売用の再生資源または再生部品（スクラップなど）
- 自動販売機から購入するもの（3万円未満のものに限る）
- 郵便配達のための郵便切手類
- 出張旅費、宿泊費、日当、転勤支度金
- 通勤手当

　なお、これまであった課税仕入れに係る支払対価の額の合計額が3万円未満の場合の帳簿の保存のみで仕入税額控除が認められる特例は、2023年10月1日より廃止されます。

（8）インボイス制度における電子取引の仕入税額控除

　デジタル資産を電子的に取引した場合、紙の請求書が発行されません。

　したがって、インボイス制度が導入される2023年10月以降は、インボイスの法定事項が記載されたデータの保存が仕入税額控除を受けるために必須となります。また法人税・所得税に関しても、電子帳簿保存法に基づき、電子取引はデータのまま保存することが原則（第3章参照）です。電子取引はインボイスと電子帳簿保存法の要件を満たして保存する必要があるのです。

デジタル資産の取引を行っている・もしくはこれから行おうというお客様には、次に紹介するインボイス制度と、電子帳簿保存法を踏まえたデータ保存のアドバイスをしましょう。

(9) 電子取引の具体的な例

紙の請求書等が発行されない電子取引の具体例として、以下が挙げられます。

- 電子メールにより取引情報を受け取った場合
- EC サイト等でクレジットカード決済し、領収書等をダウンロードした場合
- ASP（Application Service Provider）を介した取引を行う場合
- クレジットカードの利用データ、電子マネーによる支払データ、スマートフォンアプリによる決済データ等を活用したクラウドサービスを利用する場合
- 暗号資産・NFT の取引を取引所やウォレットを通じて行う場合

これらの電子取引において、具体的にどのようなデータを保存すれば良いかは、第 3 章で詳しく触れます。

(10) インボイスをデータで提供・受領した場合の取扱い

インボイスをデータで提供・受領した場合（電子インボイス。(13)(イ)で後述）には、提供したデータをデータのままか、または紙に印刷して 7 年間、保存する必要があります。

なお、データのまま保存するには、以下の措置が必要です。

■インボイスをデータで提供・受領した場合に、データのまま保存する ための措置

① 次のいずれかの措置を行うこと
  ● 適格請求書に係る電磁的記録を提供する前にタイムスタンプを付し、その電磁的記録を提供すること
  ● 適格請求書に係る電磁的記録の提供後遅滞なくタイムスタンプを付すとともに、その電磁的記録の保存を行う者またはその者を直接監督する者に関する情報を確認することができるようにしておくこと
  ● 適格請求書に係る電磁的記録の記録事項について、次のいずれかの要件を満たす電子計算機処理システムを使用して適格請求書に係る電磁的記録の提供およびその電磁的記録を保存すること
    ・ 訂正または削除を行った場合には、その事実および内容を確認することができること
    ・ 訂正または削除することができないこと
  ● 適格請求書に係る電磁的記録の記録事項について正当な理由がない訂正および削除の防止に関する事務処理の規程を定め、当該規程に沿った運用を行い、当該電磁的記録の保存に併せて当該規程の備付けを行うこと
② 適格請求書に係る電磁的記録の保存等に併せて、システム概要書の備付けを行うこと
③ 適格請求書に係る電磁的記録の保存等をする場所に、その電磁的記録の電子計算機処理の用に供することができる電子計算機、プログラム、ディスプレイおよびプリンタならびにこれらの操作説明書を備え付け、その電磁的記録をディスプレイの画面および書面に、整然とした形式および明瞭な状態で、速やか

に出力できるようにしておくこと

④ 適格請求書に係る電磁的記録について、次の要件を満たす検索機能を確保しておくこと（ⅱとⅲについては、税務職員からの提示または提出の求めに応じられるようにしておけば不要です。また、判定期間（個人の場合には前々年、法人の場合には前々事業年度）の売上高が 1,000 万円以下の事業者は検索要件の全てが不要になります。）

ⅰ 取引年月日その他の日付、取引金額および取引先を検索条件として設定できること

ⅱ 日付または金額に係る記録項目については、その範囲を指定して条件を設定することができること

ⅲ 二以上の任意の記録項目を組み合わせて条件を設定できること

他方、適格請求書に係る電磁的記録を紙に印刷して保存しようとするときには、整然とした形式および明瞭な状態で出力する必要があります。

（国税庁「適格請求書等保存方式（インボイス制度）の手引き」より一部修正）

以上の通り、インボイスをデータのまま保存するためには多くの要件があります。これらは第3章で後述する、電子帳簿保存法の電子取引におけるデータ保存の要件と同じです。つまり、電子インボイスの保存の要件を満たすことで、電子帳簿保存法の電子取引の保存要件も同時に満たすことになります。したがって、今後は電子インボイス（電子取引）を前提とすることが効率的です。

（11）インボイス制度における経過措置・特例

インボイス制度導入による買い手・売り手の負担を少なくするため、それぞれ経過措置と特例が準備されています。

㋐ 経過措置（買い手）

　インボイス開始後6年間（2023年10月1日から2029年9月30日）は、免税事業者から仕入れる事業者（買い手）に対して、**一定割合を仕入税額とみなして控除できる**経過措置が設けられています。免税事業者との価格交渉が難しい買い手に有用な経過措置です。適用できる期間と割合は以下の通りです。

図表 2-17 〉 経過措置の期間と割合

期間	割合
2023年10月1日〜2026年9月30日	仕入税額相当額の80%
2026年10月1日〜2029年9月30日	仕入税額相当額の50%

　なお、この経過措置を利用する場合には経過措置を適用した旨を帳簿に記載する必要があります。

㋑ 2割特例（売り手）

　インボイス開始後3年間（2023年10月1日〜2026年9月30日）の属する各課税期間において、免税事業者がインボイス発行事業者になる場合には、**売上の消費税の2割**を消費税の納税額とする（つまり、8割を仕入税額控除できる）特例が設けられました。

　この特例は、事前の届出や2年縛りなどの制限はなく、申告書に特例を適用する旨を付記すれば適用を受けることができます。

　インボイス開始とともに課税事業者へ移行した事業者の負担を和らげる効果があります。

（12）インボイス制度の影響を受けるデジタル資産の取引

　インボイス制度の影響を受けるデジタル資産の取引として、以下の取引が考えられます。

㋐	インターネット広告事業
㋑	デジタルコンテンツ販売
㋒	暗号資産のレンディング
㋓	NFT の販売

㋐ インターネット広告事業

　国内の ASP に対する売上は、消費税の課税対象となります。したがって、インボイス制度が始まった後は要件を満たしたインボイスを発行できなければ、ASP は消費税の仕入税額控除を行うことができず、その分納税額が増加することになります。これを防ぐため、ASP からインボイス発行事業者の登録番号を通知するよう促され、報酬の見直しがされる可能性があります。その結果、ブロガー、アフィリエイターとして仕事をしていた人で免税事業者の方は、これまでよりも収入が下がることが予想されます。

　なお、2023 年 7 月現在 YouTube の広告収入プログラムは海外の ASP との契約なので、消費税のインボイス制度の影響は受けず、YouTuber の収入には直接影響しません（企業とのタイアップ契約などは除く）。

㋑ デジタルコンテンツ販売

　動画や文章などのデジタルコンテンツ販売は、プラットフォームや決済代行業者を通じて行われます。したがって、これらの仲介会社に対してインボイスを発行することになります。

　たとえば、プラットフォームを使って電子書籍を販売する場合、仲介会社からロイヤリティという形で収入がありますが、今後これらのプラットフォームからインボイス発行事業者の登録番号を

通知する必要がでてくるでしょう。結果として、登録番号のない免税事業者はロイヤリティの額がこれまでより減額されるかもしれません。

　なお、Amazon の Kindle 出版プログラムは、海外の会社との契約になるため消費税は免税取引となり、インボイス制度の影響は受けないと考えられます。

㋑　暗号資産のレンディング

　前述した通り、暗号資産のレンディング（貸付け）は資産の貸付けにあたるため、消費税の課税対象となります。したがって、レンディングを事業として行っている事業者は、インボイスを暗号資産交換業者に発行することになります。今後、暗号資産交換業者との賃貸借契約の過程で、インボイス登録番号を求められるでしょう。その結果、免税事業者がレンディングを行う場合の利用料が減額される可能性があります。

㋒　NFT の販売

　NFT の譲渡は、前述した通り著作物の利用の許諾なのか、著作物の利用権の移転なのかで消費税の取扱いが異なります。

　ただし、NFT はマーケットプレイスで匿名で売買されていることが多く、どういった契約で取引されているか明確ではないため、これらの区分は困難です。また、著作物の利用の許諾の場合、電気通信利用役務の提供にあたり役務の提供を受ける者の所在地が国外であれば免税取引にあたりますが、NFT の取引がほぼ匿名取引のため、その把握も困難です。そもそも NFT のマーケットプレイスは全世界で行われているものであり、日本のインボイス制度を考慮した作りになる可能性も低いといえます。したがって、当面は契約を交わし、インボイスを発行する相対取引を行う

以外は、NFTを販売する側は（たとえ実際は国外の相手に譲渡
したとしても）消費税の課税対象として認識することが妥当と考
えられます。

　一方、NFTを購入する側はインボイスの登録番号がわからな
い場合、消費税の対象外取引として処理することになります。

（13）デジタル資産が増加する時代のインボイス制度のあり方

㋐　電子取引を活かすには

　電子で行われるデジタル資産の取引が多くなると、そのデータ
を活かす発想が必要です。特に、消費税は事業者の恣意性が絡む
余地が少なく、比較的システマチックに計算ができるため、電子
取引との相性が良いと考えられます。電子取引に紐づくインボイ
スであれば、自動的に売り手と買い手の消費税が一致し、不正防
止にも役立ちます。そこで現在、下記で説明する電子インボイス
制度を普及させる動きが広まっています。

㋑　電子インボイスとは

　電子インボイスとは、インボイス制度を紙ベースではなく電子
ベースで構築する仕組みのことです。デジタル庁と、民間の企業
が協力して標準規格を作る動きが広まっています。

　電子インボイスは各企業にとってもメリットがあります。
2023年7月現在では、請求書のフォーマットは各企業バラバ
ラです。また、2019年に導入された軽減税率と区分記載請求書
等保存方式によって事務負担は増えています。さらに、消費税の
不確実性のリスク（将来における消費税の計算方法（個別対応ま
たは一括比例配分）の選択、簡易課税の選択の有利不利判定など）
も抱えています。

電子インボイスは項目が厳格に決まっており、デジタル庁、デジタルインボイス推進協議会（EIPA）が中心となって標準仕様の策定を進めています。インボイスが電子化されれば、会計ソフトその他周辺ソフトに取り込むことも容易に行えるでしょう。消費税の不確実性のリスクは、今後の法整備次第ですが、電子インボイスによる消費税の即時計算が可能になることにより、限りなくゼロに近づくと考えられます[5]。

㈾ 電子帳簿保存法との関係

デジタル資産が増える時代における**インボイス制度は電子帳簿保存法とセット**（**第３章**参照）で考えていくことが必要です。

電子帳簿保存法は、国税関係帳簿書類の保存を電子で行うことを容認し、電子取引の保存を義務化した法律です。

一方、インボイス制度は消費税の仕入税額控除に係るルールを定めたものですが、前述の通り電子インボイスの保存要件は電子帳簿保存法の電子取引の保存要件と同じですので、双方を同時に進めていくことが会社全体の効率化につながります。

---

[5] 取引時点で税額と仕入側の税額を即時に確定させる方式（デジタル方式）を提唱している書籍もある（山元俊一『デジタル化社会における消費税の理論と実務』ぎょうせい、2020）。

第4節　デジタル資産に係る相続税・贈与税

　この節では、デジタル資産に係る相続税と贈与税の取扱いを検討していきます。

①　相続税の概要

　相続税は、人の死亡によって、亡くなった人の財産を取得したときに、その個人にかかる税金です。

　相続税は、「財産」の評価が要です。この「財産」とは、亡くなった方が亡くなった日に持っていた、土地、建物、現預金、有価証券等、金銭で見積もることのできるすべての財産です。被相続人が亡くなった日に所有していなかった財産であっても、被相続人が死亡することによって第三者から取得した財産（生命保険金等）も含まれます。

②　贈与税の概要

　贈与税は、タダで財産を取得した個人にかかる税金です。ただし、取得した財産の金額が贈与税の基礎控除額の110万円以下であれば、贈与税はかかりません。

　贈与税の対象となる財産は、土地、建物、現預金、有価証券等金

銭で見積もることのできるものすべてが含まれます。その他、時価よりも安くモノやサービスを購入した場合、債務免除を受けた場合、自分が支払っていなかった保険金をもらった場合にも贈与税が課されます。生活費として扶養義務者からもらうお金、親などからもらう住宅取得資金など、一部非課税とされるものもあります。

③ デジタル資産は相続税・贈与税対象の財産になるか

　では、デジタル資産に相続税・贈与税が課されるか、それぞれ検討します。

(1) インターネットバンキングの銀行口座
　通常の預貯金と変わらず、相続財産となります。インターネットバンキングを利用した預貯金の明細は、PC やスマートフォンから判明できる場合が多く、紙の通帳しかない場合と比べて把握しやすい特徴があります。

(2) ネット証券口座の有価証券
　通常の有価証券と変わらず、相続財産となります。こちらもインターネットバンキングの銀行口座同様、PC やスマートフォンから比較的簡単に把握することができるでしょう。FX 取引など、多額の利益や損失を生じる可能性のある相続財産については、早めに確認をしておいたほうが良いでしょう。

(3) 電子マネー・QR コード決済残高
　電子マネー・QR コード決済残高も、財産として相続税・贈与税

の対象となります。ただ、家族や知人に贈与、相続が可能な電子マネー・QRコード決済残高もありますが、一切そのような取扱いを認めていないものもあります。電子マネー・QRコード決済残高は通常は数万円程度で、比較的少額であるため相続・贈与の場面で大きな問題にはならない場合が多いでしょう。

　しかし、中には高額な上限を設定しているものもありますので、持ち主が亡くなったときに一度、残高を確認しておいたほうが良いでしょう。

(4) ポイント・マイル

　ポイント・マイルも財産として相続税・贈与税の対象となります。こちらも電子マネーと同様、各社対応が異なります。まずは規約などで相続・贈与が可能なのかを確認した上で、残高を確認する必要があります。

(5) 暗号資産

　暗号資産も相続税・贈与税の対象となります。暗号資産は資金決済法上、「代価の弁済のために不特定の者に対して使用する（中略）ことができる財産的価値」と規定（資金決済法2⑤一）されています。相続税法上は、「個人が金銭に見積もることができる経済的価値のあるすべての財産」を相続税または贈与税の課税対象としているため、暗号資産も課税対象に含まれることになります。

　暗号資産は、暗号資産交換業者（取引所）にて取引を行っている場合には、PCやスマートフォン等を使って比較的容易に把握できます。

　一方、海外の暗号資産交換業者（取引所）に預けている、あるいは自身のハードウェアウォレット（通信環境から隔離されたウォレット）に保管している場合は、把握が難しくなります。生前に、

いざというときの備え（パスワード、リカバリーフレーズ[6] の伝達など）が必要となるでしょう。

(6) デジタルコンテンツ

　事業用以外で所有していたデジタルコンテンツは、プライベートの写真や音楽等がほとんどであり、これらが相続税・贈与税の対象となる可能性は低いでしょう。ただし、市場で売買されているNFTなど、資産として価値のあるものがある場合には、別途検討が必要です。

　また、事業として利用していたデジタルコンテンツで資産価値が認められるもの（アフィリエイトサイトや印税が発生している電子書籍など）であれば、相続税・贈与税の対象になると考えられます。

　プラットフォーム（Amazon、楽天等）を利用して購入した・あるいはみずからが出版した電子書籍等は、アカウントに紐付けられているため、誰かに譲渡することは想定されておらず、贈与税が発生する可能性は低くなります。

　一方、自分の死後、プラットフォームで購入した書籍、みずからが執筆した電子書籍を誰かに相続させることができるかは規約に明記されていないケースもあります。プラットフォームに表示されている書籍は、自分が所有しているものではなく、あくまで利用する権利なので、相続の問題は発生しないように思われます。

　ただ、被相続人の死後にアカウントを相続人が名義変更等によって引き継ぐことによって、相続は実質的に可能であると考えられます（**図表 2-18**）。

---

[6] リカバリーフレーズ……暗号資産のウォレットへのアクセスができなくなった場合の復元ワード。

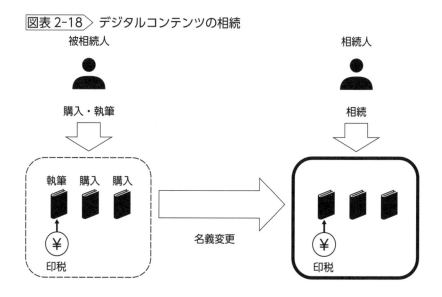

図表 2-18 デジタルコンテンツの相続

被相続人

購入・執筆

執筆　購入　購入

￥

印税

名義変更

相続人

相続

￥

印税

(7) ブログサイト・アフィリエイトサイト

　収益を生み出しているブログサイト・アフィリエイトサイトを誰かに贈与する、死亡したときに誰かに引き継がせるときには、相続税・贈与税の対象になる可能性があります。

　この場合も、デジタルコンテンツと同様プラットフォーム上の規約を確認する必要がありますが、第三者への譲渡、承継は禁止されているものが一般的です。ただし、アカウント名義の変更、支払先の変更が可能なものもあり、譲渡と同様、相続・贈与が発生する可能性はあります（図表2-19）。

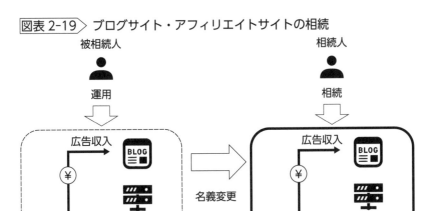

図表 2-19 > ブログサイト・アフィリエイトサイトの相続

被相続人

運用

広告収入

BLOG

¥

ASP

名義変更

相続人

相続

広告収入

BLOG

¥

ASP

(8) 動画チャンネル

　(6)(7)と同様に、収益を生み出している動画チャンネルを名義変更等により誰かに実質的に相続・贈与させた場合には、相続税・贈与税が発生する可能性があります。

④ デジタル資産の財産評価

ここでは、デジタル資産ごとの財産評価を検討します。

(1) インターネットバンキングの銀行口座、ネット証券口座、電子マネー、ポイント等の金融資産

これらは、単に金銭的価値がデジタルに置き換えられたものであり、従来の評価方法と変わりませんので割愛します。

(2) 暗号資産

相続・贈与により取得した暗号資産は、以下の通り評価します。

㋐ 活発な市場が存在する暗号資産

相続人等の納税義務者が、取引を行っている暗号資産交換業者が公表する取引価格によって評価します。たとえばビットコイン、イーサリアムなどは、多くの取引所に相場が掲載されています。

㋑ 活発な市場が存在しない暗号資産

客観的な交換価値を示す一定の相場が成立していないため、その暗号資産の内容や性質、取引実態等を勘案し個別に評価します（たとえば、売買実例価額、精通者意見価格等を参考にして評価する方法）。

(3) NFT

相続・贈与により NFT を取得した場合には、その内容や性質、取引実態等を勘案し、その価額を<u>個別に評価する</u>必要があります。財産評価基本通達には定めがないため、財産評価基本通達 5（評価

方法の定めのない財産の評価）に該当し、その他の通達に定める評価方法に準じて評価することになります。

　たとえば、その NFT がアート作品であれば、財産評価基本通達135（書画骨とう品の評価）に準じ、売買実例価額、精通者意見価格等を参酌して評価します。

　ただし、マーケットプレイスなどで市場取引価格が存在する NFT については、その取引価格によって評価しても問題ないとされています。

(4) デジタルコンテンツ

　みずからが出版した電子書籍等のデジタルコンテンツがアカウント名義の変更などによって相続・贈与が行われた場合の評価として、現行の**著作権の評価**(評基通148)に基づく方法が考えられます。

　著作権の評価は、著作物を一括して、以下の通り行います。なお、個々の著作物ごとにこの算式により評価することもできます。

評価額＝年平均印税収入の額（過去 3 年間の平均）× 0.5 ×評価倍率（基準年利率の複利表に基づくもの）

　みずからが出版した Kindle 本であれば、そのアカウントページより年平均の印税収入の額を求め、0.5 を乗じた上で評価倍率を乗じ、印税収入が見込まれる期間における現在価値を計算します。なお、評価倍率は著作物に関し精通している者の意見等を基に推算します。出版社を通さない電子書籍の場合、この評価倍率の推算が困難です。これまでの売上実績、類書の情報等をもとに判断する方法がありますが、時事的な内容の書籍であれば時の経過による印税の減少も考慮に入れる必要があると考えられます。

（4）ブログサイト・アフィリエイトサイト・動画チャンネル

　ブログ（サイト）・アフィリエイトサイト・動画チャンネルには、2つの側面があります。

　ひとつは、著作権としての性質です。相続・贈与された人がブログ等を引き続き運営していくのではなく、名義だけ引き継ぐケースです。この場合、(3)で解説した著作権の評価による方法が妥当です。

　もうひとつが、営業権としての性質です。相続・贈与された人がブログ等を引き続き運営していくケースです。この場合、営業権（評基通165、166）を参考に評価する方法が考えられます。

　まず、**著作権**として評価する方法を考えてみます。上記の通り、著作権の評価には年平均印税収入の額と評価倍率の情報が必要です。

　まず、ブログ等には「印税」という概念はありません。したがって、代わりに年平均の収入の額を利用すると考えられます。

　また、評価倍率に関してはそのブログ等に関し精通している者の意見が必要ですが、現実的に情報を得ることは難しいでしょう。したがって、これらの売買サイトで提示されている価格を参考にするなどの方法が考えられます。

　仮に、そのブログ等の年平均の収入が2,000万円で、今後3年間収入が見込めるとすると、評価額は「2,000万円×0.5×2.997（3年間で年0.01％の場合の令和5年6月の複利年金現価率）＝2,997万円」であり、他の相続財産に加算されると相続税が発生する可能性もあります。

　もちろん更新されなくなったブログ等の時の経過による収益の減少も考慮する必要はありますが、将来に発生する見込みの収入に対し、納税資金の負担が重くなるリスクがあるといえます。

　次に、**営業権**として評価する方法を考えてみます。

営業権の評価方法は、以下の通り定められています。

> 評価額＝（平均利益金額（過去 3 年間の所得の平均）× 0.5 －標準企業者報酬額－総資産価額× 0.05）×営業権の持続年数（原則として 10 年）に応ずる基準年利率による複利年金現価率

標準企業者報酬額は、平均利益金額の区分によって決まります。

図表 2-20 ＞ 標準企業者報酬額

平均利益金額の区分	標準企業者報酬額
1 億円以下	平均利益金額× 0.3　　＋　　1,000 万円
1 億円超　3 億円以下	平均利益金額× 0.2　　＋　　2,000 万円
3 億円超　5 億円以下	平均利益金額× 0.1　　＋　　5,000 万円
5 億円超	平均利益金額× 0.05　＋　　7,500 万円

　たとえば平均利益金額が 5,000 万円の場合、標準企業者報酬額は 2,500 万円（5,000 万円× 0.3+1,000 万円）となります。評価額は平均利益金額の 50% が上限なので（5,000 万円× 0.5=2,500 万円）、差し引くと評価額は 0 になります。つまり、平均利益金額が 5,000 万円以下であれば、営業権の評価額は 0 です。

　ブログ収入だけで平均利益金額 5,000 万円を超えるケースは少ないかもしれませんが、その他のデジタル資産による収入があり、その事業を相続人が引き継ぐ場合には、相続税が発生する可能性はあります。

　なお、「医師、弁護士等のようにその者の技術、手腕または才能等を主とする事業に係る営業権で、その事業者の死亡と共に消滅す

るものは、評価しない」（評基通 165）とあるように、ブログ・アフィリエイトサイト・動画チャンネルも内容によっては個人の手腕が色濃く反映されているものもあるため、評価しない、というケースもありそうです。

　しかし、本章**第2節**の通り、第三者にこれらのサイトを譲渡するときは対価が発生することを考えると、相続・贈与が無税で行われると課税の公平が保たれないことになります。

　以上の通り、ブログ・アフィリエイトサイト・動画チャンネルの相続・贈与が発生した場合には、思わぬ高額な納税を想定するケースもあります。現時点では、これらの運営者の多くが高齢者ではないためか、その相続・贈与の問題は明るみに出ていませんが、今後は課税リスクが顕在化していくことでしょう。

生前に整理しておきたいデジタル遺産

「デジタル遺産」という言葉がこの数年で雑誌やインターネットにも登場するようになりました。相続されるものは目に見えるものだけではない、ということが認識されつつあります。

故人が残したデジタル遺産（本書では「デジタル資産」と説明）の相続は本章第4節の通りですが、相続にて問題が発生する前にやっておきたいことがあります。それはデジタル遺産の整理です。

生前にデジタル遺産を整理しておかないと、残された家族に多大な負担をかけることになります。たとえば、以下のケースです。

- PC・スマホのパスワードがわからず、中身を確認できない
- 暗号資産のウォレットのパスワードがわからず、中身を確認できない
- PCは開けたが、整理されておらず何がどこにあるのかわからない
- PC・スマホに不貞の証拠写真を見つけた
- 残されたSNSアカウントを放置していたら、乗っ取られた

そこで、以下のように、デジタル遺産の整理を普段から行うことが大切です。

- エンディングノートを作成する

　あらかじめ全資産の内訳や、PC のパスワード等を記したエンディングノートを作成しておくことが有効です。ただ、作ってそのままではなく、定期的に見直すことが必要となります。

　手書きではなくデータ（Word ファイルや Excel ファイル）で作成すれば、更新も簡単に行うことができます。ただ、これらを PC 内やクラウド上に保管すると遺族が見ることができない可能性があるので、USB メモリ等に保存し、いざというときにその保管場所を知らせることができる状況にしておくことが必要です。

- 普段の持ち物にいざというときのメモを入れておく

　財布やスマホカバーなど、普段から使うものに、上記のエンディングノートの保管場所を記しておくことも有効です。自分の死後に、発見してもらえる可能性が高まります。

　なお、銀行の貸し金庫を利用するなど、外部に重要データを預ける方法もありますが、デジタル遺産の情報は常に流動的ですし、パスワードも一定期間をすぎると強制的に変えなければいけないものがほとんどですので、おすすめできません。

- 各種サービスを利用する

　あらかじめ各種サービスを利用して備えておく方法もあります。

　たとえば Facebook には、追悼アカウントというサービスがあります。あらかじめ、自分の死後アカウントを削除するか、管理者を定めてアカウントを残すことを選べるサービスで

す。Google AdSense などのインターネット広告のアカウントも、誰に引き継ぐかをあらかじめエンディングノートに記しておいたほうが良いでしょう。あらかじめ決めておけば、残された人が迷うこともありません。

　他にも、たとえば自分の死後見られたくないデータがあれば、使用している PC に一定の設定条件でパソコン内のデータを削除するソフトウェアをインストールしておく方法もあります。たとえば、最終起動日から〇日間たてばソフトウェアが自動的に起動して削除する設定です。ただ、この場合も遺族がそのソフトが起動される前にデジタルフォレンジック[7]を業者に頼んでしまった場合は失敗に終わります。やはり、よほどのものでない限りは、人に見られたくないデータは生前に削除しておいたほうが良さそうですね。

　最近は高齢者向けのスマートフォンもあり、デジタルを使いこなす高齢者も増えました。

　お客様に高齢の方がいる場合、普段の雑談で以上の話をしておくと良いかもしれません。

---

[7] デジタルフォレンジック……デジタルデータが保存されているデバイスに記録されている情報の分析調査を行うこと。フォレンジックとは「法廷の」という意味で、もともとはデジタルデータに不正操作があったときに証拠能力を持たせるために普及した技術。

国境を軽々と越えてしまうデジタル資産の取引（電子取引）においては、「どの国に税金を納めるのか」という問題がつきまといます。特に、**日本に拠点のない非居住者・外国法人が国境を越えて行う電子取引**について課題が多い印象です。そこでこの節では、非居住者・外国法人の現状における課税関係を確認し、2023年7月現在、OECDで議論されているBEPS[8]プロジェクトの内容と、国境を越える電子取引の具体例・税務上の留意点を検討します。

① 非居住者・外国法人の課税の概要

非居住者とは、居住者（国内に「住所」があり、または現在まで引き続き1年以上「居所」がある個人）以外の個人を指します（所法2①五）。

外国法人とは、内国法人（国内に本店または主たる事務所を有する法人）以外の法人をいいます（法法2四）。つまり、外国の法律に準拠して設立された法人は外国法人となります。

非居住者、外国法人は国内で発生した所得（国内源泉所得）について日本において納税義務があります。所得の種類によって課税方法と課税範囲が異なっており、複雑です（**図表2-21、2-22**）。

---

[8] Base Erosion and Profit Shifting の略。税源浸食と利益移転。

所得の種類 \ 非居住者の区分	非居住者 PEを有する者 PE帰属所得	その他の所得	非居住者 PEを有しない者	(参考)外国法人 所得税の源泉徴収	
(事業所得)	【総合課税】	【課税対象外】		無	無
①資産の運用・保有により生ずる所得（⑦から⑮に該当するものを除く）		【総合課税（一部）】		無	無
②資産の譲渡により生ずる所得				無	無
③組合契約事業利益の配分	【源泉徴収の上、総合課税】	【課税対象外】		20%	20%
④土地等の譲渡による所得		【源泉徴収の上、総合課税】		10%	10%
⑤人的役務提供事業の所得				20%	20%
⑥不動産の賃貸料等				20%	20%
⑦利子等		【源泉分離課税】		15%	15%
⑧配当等				20%	20%
⑨貸付金利子				20%	20%
⑩使用料等				20%	20%
⑪給与その他人的役務の提供に対する報酬、公的年金等、退職手当等				20%	―
⑫事業の広告宣伝のための賞金				20%	20%
⑬生命保険契約に基づく年金等				20%	20%
⑭定期積金の給付補填金等				15%	15%
⑮匿名組合契約等に基づく利益の分配				20%	20%
⑯その他の国内源泉所得	【総合課税】	【総合課税】		無	無

（出典）所得税基本通達 164-1（非居住者に対する課税関係の概要）より一部修正

図表 2-22 外国法人の国内源泉所得の範囲

国内源泉所得の種類	PEを有する外国法人 PE帰属所得	その他の所得	PEを有しない外国法人	所得税の源泉徴収
①事業所得	課税対象	課税対象外		無（注1）
②国内にある資産の運用・保有（下記⑦〜⑭に掲げるものを除く）		課税対象		無（注2）
③国内にある資産の譲渡　国内にある不動産の譲渡				無（注3）
国内にある不動産の上に存する権利等の譲渡				無（注3）
国内にある山林の伐採又は譲渡				無
買集めした内国法人株式の譲渡				無
事業譲渡類似株式の譲渡				無
不動産関連法人株式の譲渡				無
国内のゴルフ場の所有・経営にかかる法人の株式の譲渡等				無
④人的役務の提供事業の対価				20%
⑤国内不動産の賃貸等				20%
⑥その他の国内源泉所得				無
⑦債券利子等	⑦〜⑭は所得税法上の区分。法人税法には設けられていない。		源泉分離課税	15%
⑧配当等				20%
⑨貸付金利子				20%
⑩使用料等				20%
⑪事業の広告宣伝のための賞金				20%
⑫生命保険契約に基づく年金等				20%
⑬定期積金の給付補塡金等				15%
⑭匿名組合契約に基づく利益の分配				20%

（注1）事業所得のうち組合契約事業から生ずる利益配分は源泉徴収が行われる。
（注2）一定の割引債の償還差益は源泉徴収が行われる。
（注3）資産の譲渡による所得のうち、一定のものは源泉徴収が行われる。
（出典）税務研究会編「令和4年度版 税務インデックス」（税務研究会、2022）より修正

非居住者、外国法人の課税において重要となる概念が PE です。
PE とは、Permanent Establishment の略で、恒久的施設と訳されます。

　PE には、以下のものが該当します。

・事業の管理を行う場所、支店、事務所、工場、作業場もしくは
　鉱山その他の天然資源を採取する場所またはその他事業を行う
　一定の場所
・国内にある建設、据付けの工事またはこれらの指揮監督の役務
　の提供で 1 年を超えて行う場所（1 年を超えて行われる建設
　工事等を含む）
・国内に置く代理人等で、その事業に関し、反復して契約を締結
　する権限を有し、または契約締結のために反復して主要な役割
　を果たす者等の一定の者

　日本に PE を有するかどうかの判定は、形式的に行われるのではなく、機能的な側面を重視して行われます。たとえば、日本国内のホテルの一室が拠点とされていたとしても、その実態が単なる製品の貯蔵のための場所であれば PE には該当しません。

②　「PE なければ課税なし」の国際ルール

　図表 2-21、2-22 からわかるように、非居住者および外国法人においては、事業所得について PE に帰属しない所得、PE を有していない者の所得は課税対象外と規定されています。つまり、事業においては **PE という物理的施設が国内にあるかないか**が、重要なポイントとなっています。

　この「PE なければ課税なし」のルールは、二国間の税金のルー

ルである租税条約とも考え方が一致しています。つまり、日本においても世界においても、共通ルールとして「事業を行う場合には物理的な拠点が必要」という前提に基づいて、現在の税制が成り立っているのです（物理的な拠点のみならず、電子取引を行うサーバ等をPEとみなす国もあります）。

　このルールが、国境を軽々と越えてしまうデジタル資産を保有し、電子取引を行う者の課税を難しくさせています。

③　国外転出時課税

　国境を越える際に関係する税制として、国外転出をする場合の譲渡所得等の特例(以下、「国外転出時課税」と説明します)があります。

　国外転出時課税とは、国外に転出する居住者（国外転出をする日前10年以内に国内に5年を超えて住所または居所を有している者）が1億円以上の有価証券等を所有等している場合には、その資産の含み益に所得税(復興特別所得税を含みます)を課す制度です。

　対象資産となる「有価証券等」には、以下が該当します。

・有価証券（株式、投資信託等）
・匿名組合契約の出資の持分
・未決済の信用取引
・未決済の発行日取引
・未決済のデリバティブ取引

以上の通り、対象資産には**暗号資産、デジタルコンテンツ等のデジタル資産は含まれていません**。現時点では、デジタル資産は国外転出時課税の対象外です（**第4章第2節①**）。

④　国境を越えるデジタル資産の税制の検討と課題

ここからは、国境を越えるデジタル資産の取引の取扱いと、税制の課題を検討します。

(1)「PEなければ課税なし」のルールの限界

所得税・法人税においては「PEという物理的な拠点」を事業所得の課税の判定基準にしています。しかし、上記で説明したインターネット広告などの電子取引をメインとするデジタル資産のビジネスの場合、そもそも拠点を持たずに行うことができます。

たとえば、**第2章第1節**で紹介したデジタル資産のビジネスの多くは、PCとインターネットに接続できる環境があればどこでも作業を行うことができます。ということは、どこにいても報酬を得ることができるということです。

一方、非居住者は「PEなければ課税なし」のルールですので、日本に拠点がなければ課税されません。このように、物理的拠点を課税の基準とするルールは、**物理的拠点を不要とする電子取引**をカバーできないので、どうしても抜け穴が生じるということです（具体的な事例を**⑥具体例**で後述）。

(2) 巨大IT企業の課税逃れ

「拠点を持つことなくビジネスを行うことができる」電子取引をメインとする巨大IT企業の課税逃れが、顕在化しています。具体

的には、グローバルに活動する IT 企業です。

　また、価値の高い知的財産権を低課税国に登録することによる課税逃れも深刻化しています。

　このような流れを受けて、OECD（経済協力開発機構）が立ち上げたものが、次に説明する BEPS プロジェクトです。

⑤　最近の OECD による議論と、日本の税制改正

(1) BEPS プロジェクト

　BEPS は、日本語では「税源浸食と利益移転」と訳されます。各国で事業活動を行う多国籍企業が、各国の税制の違いを利用して税金を減少させる行為を指します。PE を基準とする税制が、国境を軽々と越えてしまう電子取引の増加に追いついていないことが原因です。

　これらは「租税回避」として非難されますが、節税と租税回避の区分はそこまで明らかにはされていません。しかし、たとえば「明らかにサービス提供を行っているのは日本国内であるのに日本に納める法人税はわずか」ということになると、タックスプランニングが可能な大企業とそれ以外の企業との間に不平等が起きます。そんな大企業による国際的な租税回避が批判を浴びる中、OECD 租税委員会が対応策として 2012 年に立ち上げたものが、BEPS プロジェクトです。

(2) これまでの BEPS プロジェクトの経緯

㋐　BEPS 行動計画の公表

　OECD 租税委員会は、2013 年に以下の 15 項目の BEPS 行動

計画を公表し、その後 2015 年に最終報告書を公表しました。

■ BEPS 行動計画の 15 項目

行動計画 1：電子経済の課税上の課題への対処

行動計画 2：ハイブリッド・ミスマッチ取極めの効果の無効化

行動計画 3：外国子会社合算税制の強化

行動計画 4：利子控除制限ルール

行動計画 5：有害税制への対抗

行動計画 6：租税条約の濫用防止

行動計画 7：恒久的施設（PE）認定の人為的回避の防止

行動計画 8〜10：移転価格税制と価値創造の一致

行動計画 11：BEPS の規模・経済的効果の分析方法の策定

行動計画 12：義務的開示制度

行動計画 13：多国籍企業の企業情報の文書化

行動計画 14：相互協議の効果的実施

行動計画 15：多数国間協定の策定

(国税庁 HP「税源浸食と利益移転（BEPS：Base Erosion and Profit Shifting）への取り組みについて –BEPS プロジェクト –」を基に作成)

　デジタル課税など、国境を越える取引に関する課税の強化がメインです。

(イ) BEPS防止措置実施条約の発効

「行動計画15：多数国間協定の策定」の勧告に基づき、2016年に条文が採択され、日本を含む67か国・地域が署名しました。日本では2018年に承認され、2019年から発効されています。これによって、既存の租税条約についてBEPS防止措置を同時かつ効率的に実施することが可能となりました。

（3）日本での税制改正の経緯

2015年にBEPS行動計画が公表されてから、日本でも順次さまざまな税制改正が行われています。

(ア) 消費税の国境を越える電気通信利用役務の提供の内外判定

「行動計画1：電子経済の課税上の課題への対処」を受け、日本でも税制改正が行われました。具体的には、2015年度税制改正により、インターネットを利用した電子書籍、音楽、広告の配信等の国境を越える電気通信利用役務の提供に関する国内取引の判定が改正されました。改正前はサービス提供者の所在地で判定されていましたが、改正後はサービスを受ける者の所在地が国内であれば消費税の課税対象となりました。

この改正によって、国外で日本向けにデジタル資産（電子書籍など）の販売、デジタルサービス（広告など）を提供する事業者に関して、消費税が課されることとなりました。

(イ) 移転価格税制

「行動計画13：多国籍企業の企業情報の文書化」を受け、2016年度税制改正によって移転価格税制に係る文書化制度が整備されました。具体的には、一定の多国籍企業の内国法人等は、独立企業間価格を算定するために必要とされる書類（ローカル

ファイル）、多国籍企業グループの国ごとの事業活動を示す国別報告書、事業概況を報告するマスターファイルを提出または保存しなければならないとされました。

さらに「行動計画8〜10：移転価格税制と価値創造の一致」を受けて、2019年度税制改正では、移転価格税制の独立企業間価格の算定方法としてディスカウントキャッシュ・フロー法の追加、評価困難な無形資産取引に係る価格調整措置の導入などの改正が行われています。

㈦ タックスヘイブン対策税制（外国子会社合算税制）

「行動計画3：外国子会社合算税制の強化」を受け、2017年度、2018年度の税制改正により、ペーパーカンパニーの規定の創設・見直し、部分合算の対象となる受動的所得の範囲の拡大、特定外国関係会社の範囲の見直し等が行われています。

㈤ 過大支払利子税制

過大支払利子税制は、2012年度の税制改正により、所得に比して過大な利子を支払うことによる租税回避を防止するためにできた制度です。「行動計画4：利子控除制限ルール」に基づき、近年何度か改正が行われています。

2019年度の税制改正では、対象とする利子に第三者に対する支払利子が追加され、損金算入限度額の基準値の引下げや適用除外基準の上限の拡大がなされ、2022年度の税制改正では、適用される国内源泉所得の範囲が拡大されるなど、規制が強化される動きとなっています。

この他、2023年度の税制改正では、一定の多国籍企業に属する法人について、国際最低課税額を課す制度（グローバル・ミニマム課税）が創設され、巨大IT企業などデジタルを駆使して世

界中で利益を上げる大企業への規制強化の流れが強まっています。

このように、国境を越える電子取引に対する課税は、まさにいま議論が行われています。「国境を越える取引の課税」は、今後なんらかの形で、デジタル社会に合わせて改正が行われていくと考えられます。今のところ大企業への規制が中心ですが、今後は中小企業や個人にも規制の流れは広がるでしょう。

---

⑥ 国境を越える電子取引の具体例

国境を越える取引の税務というと、巨大 IT 企業のように大きな企業がイメージされますが、実際は個人においても無縁ではありません。

ここでは、個人が行う国境を越える電子取引の具体例と留意点を紹介します。

(1) 非居住者＋インターネット広告

本章で紹介したデジタル資産を活用したビジネスのうち、インターネット広告は場所を問わない仕事の代表的なものです。PC とインターネット接続環境があれば、どこでも仕事ができます。筆者のもとにも、海外で日本の ASP を通じて広告収入を得ている人からの相談が、今まで何件かありました。

非居住者は、インターネット広告収入などの事業による収入に関しては、日本国内に PE がなければ所得税は対象外と考えられます（図表 2-23）。

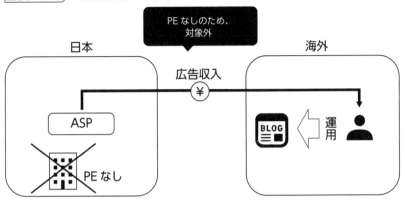

図表 2-23 「非居住者＋インターネット広告」の所得税

PE なしのため、
対象外

日本　　　　　　　　　　　　　　　　海外

広告収入
¥

ASP

PE なし

BLOG　←　運用

　なお、居住地である海外で日本の ASP から得た広告収入に対する税金を納めるかというと、そうでないケースもありました。なぜなら、東南アジアを中心に「オフショア課税」（自国内で発生した所得にのみ課税する考え方）の国があるからです。つまり、いずれの国でも所得税を納める必要がない、「二重非課税」が発生するケースもあります。このように、各国の税制の違いによる課税の空白が、国境を越える電子取引では生じやすくなります。

　一方、消費税については、海外から提供するインターネット広告サービスは「国境を越えた電気通信利用役務の提供」に該当するので、「役務の提供を受ける者の所在地」で国内取引の判定を行います。この場合、役務の提供を受ける者の所在地は ASP が存在する日本ですので、日本にて消費税の納税義務が発生します。

　ただし、インターネット広告は事業者向けのサービスですので、リバースチャージが適用され、実際の納税義務者は国内の ASP となります。したがって、非居住者はみずから消費税を納める義務はありません。実際に行っているかは不明ですが、国内の ASP は、非居住者に対する支払分を別に管理し、消費税の申告を代わりに行

う必要があります（図表 2-24）。

図表 2-24 〉「非居住者＋インターネット広告」の消費税

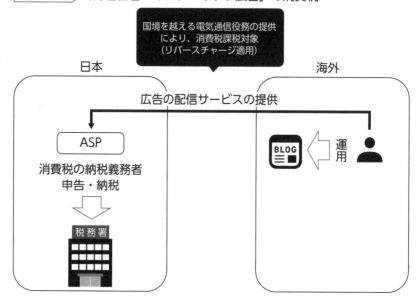

国境を越える電気通信役務の提供
により、消費税課税対象
（リバースチャージ適用）

日本　　　　　　　　　　　　　　　　　海外

広告の配信サービスの提供

ASP

消費税の納税義務者
申告・納税

税務署

BLOG

運用

(2) 非居住者＋暗号資産

　海外に住んでいる非居住者が、日本の暗号資産取引所にて売買をし、利益が出た場合の申告についても、多くの相談が寄せられています。暗号資産の売買による利益は、FX による利益のように資産の運用・保有による所得には該当せず、国内源泉所得のどれにも該当しないため、日本では納税義務が発生しないと考えられます（ここでも居住地国がオフショア課税の国の場合は二重非課税が発生する可能性もあります）。

　一方、日本の取引所を通じた暗号資産のレンディングについては資産の運用・保有に係る所得に該当するかどうか、執筆時点では明確になっていません。

なお、消費税に関しては、前述した通り暗号資産の譲渡は非課税であるため、納税義務は発生しません。一方レンディングについては、暗号資産の貸付けによる利用料であることから「資産の貸付け」に該当し、非居住者が行ったものであっても課税対象となります。

(3) 非居住者＋NFT

　NFTの売買は、国境を問わないため、海外に住む非居住者がNFTを組成して、日本のマーケットプレイスを通じて日本で販売することもあります。この場合、NFTを販売した非居住者は、日本の所得税の課税対象となりません。非居住者の場合、国内源泉所得のみ所得税の課税対象となりますが、日本のマーケットプレイスを通じたNFTの販売は、いずれの国内源泉所得にも該当しないからです。

　なお、消費税については、著作物の利用の許諾の場合には電気通信利用役務の提供となるため、役務の提供を受ける者の所在地（上記のケースであれば日本）で国内取引に該当するか判断するため、課税対象となります。一方、著作物の利用権の移転の場合には譲渡を行う者の事務所等の所在地（上記のケースであれば国外）国内取引に該当するか判定をするため、対象外となります。ただ、これらの細かい区分を非居住者が正確に行えるかどうかは難しく、プラットフォームが代わりに徴収するなど、今後なんらかの法整備が手当されると考えられます。

(4) 非居住者の源泉徴収

　非居住者と取引をする場合、源泉徴収の有無も考慮する必要があります。

　日本にPEを持っていない非居住者に対して著作権の使用料や著作権の譲渡対価を支払う場合、原則として20.42％の税率で源泉

徴収をします（租税条約により軽減または免除される場合もあります）。したがって、特にNFTの取引をする場合に、その対価が著作権の使用料や著作権の譲渡対価にあたるか判断が必要です。

しかし、前述した通りNFTの取引は匿名で行われていることがほとんどで、契約も交わしていないケースがほとんどです。さらに、マーケットプレイス経由で取引をする場合には運営会社が決済を代行するため源泉徴収をすることが難しく、現実的ではありません。

これらの問題も、NFTの市場が日本で進んでくると対応が進むと考えられます。

(5) 非居住者＋オンラインコンサルティング

海外に拠点を置く非居住者が、日本国内の顧客（個人を含みます）向けにオンラインコンサルティングを行っているケースもあります。たとえば、Zoomなどのオンラインビデオ会議ツールを使ったコンサルティングです。

この場合、日本国内にPEがなければ、所得税は対象外となります（この場合も居住地国がオフショア課税の国であれば、二重非課税が発生する可能性もあります）。

消費税に関しては、オンラインビデオ会議ツールを使ったコンサルティングは「国境を越える電気通信利用役務の提供」に該当し、役務の提供を受ける者の所在地で国内取引の判定を行うことになります。この場合、役務の提供を受けるのは日本国内にいる顧客ですので、消費税の課税対象となります。個人を含む顧客に対するコンサルティングは消費者向けサービスとなりますので、基準期間における課税売上高が1,000万円を超える場合には、非居住者みずからが日本に消費税を納める義務があります（**図表2-25、第4章第3節②**）。

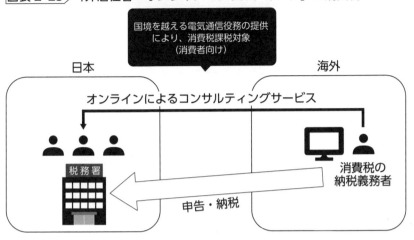

図表 2-25 〉「非居住者＋オンラインコンサルティング」の消費税

コラム

デジタル社会におけるグローバルな働き方に対する税金の課題

　高度にデジタル化された社会では、一定の場所にとどまらず、あらゆる場所で働くことが可能となりました。

　たとえば、デジタルノマドと呼ばれている人たちです。デジタルノマドとは、文字どおりノマド（遊牧民）のように、場所を変えながらインターネット上で仕事を受注して、PC1つで働く人たちを表しています。税金の世界では、このような人たちは Permanent Traveler（永遠の旅人）といわれてきました。実際、筆者のもとには決まった住所がなく、デジタルを駆使して世界中を転々としながら仕事をされている方からの相談がきます。どこの国の居住者にもならないのでどこの国からも課税されない可能性がある反面、意図しない所得税の二重課税、三重課税……が発生するリスクもあります。

　もうひとつ新しい働き方のキーワードとして、「ギグワーク」があります。ギグワークとは、短い時間だけ働き、継続した雇用関係のない働き方を指します。本章のシェアリングエコノミーでも説明した Uber などのプラットフォームを利用して働く人たちのイメージです。副業解禁の流れを受けて、日本でも Uber のロゴマークつき鞄を背負って街をバイクや自転車で走る人をよく見かけるようになりました（日本ではオンラインフードデリバリーサービスである Uber EATS が事業展開されています）。

　単発の仕事であるギグワークの場合、規制も関係しますが、

外国人の参入障壁が低い特徴があります。たとえばUberのドライバーであれば、その国の言語がわからなくても、アプリで受注、決済等を完了できるため、トラブルを起こす可能性が低く、現地のドライバーと差をつけられることもありません。配車アプリというテクノロジーの進化による働き方の変化といえるでしょう。

　このように、ギグワークの増加により海外で働くハードルは下がるものと予想されます。一方、世界各国でギグワークを転々とする人の税金の取扱いはいまだはっきりしているとはいえません。

　ギグワークを行う人たちは基本的に個人事業主であり、税金の申告納付は本人に任せられています。さらに、国を転々としている場合、税金の捕捉率は低いと推測します。今後、プラットフォーマーが源泉徴収を行うなど、対策が必要となることでしょう。

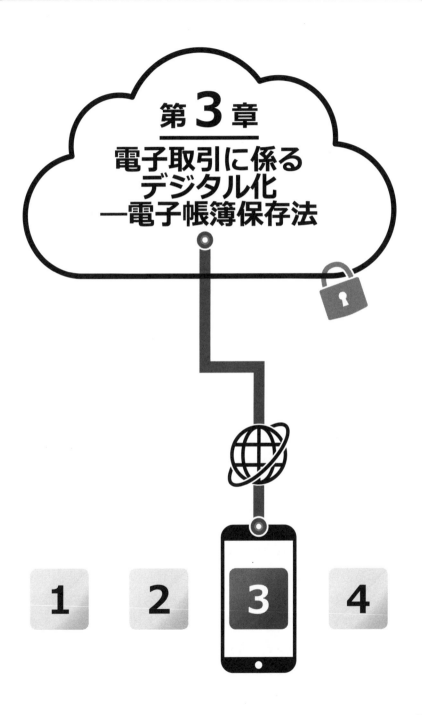

第3章
電子取引に係る
デジタル化
―電子帳簿保存法

1 2 **3** 4

第1節　電子帳簿保存法の概要

　ここまで、デジタル資産および電子取引の税務を説明しました。電子取引と深い関係にあるのが**電子帳簿保存法**です。新型コロナウイルス感染症の流行によるリモートワークの広がりなど働き方の多様化を受け、この数年で何回も改正されています。

　ここでは、電子帳簿保存法の概要と、実務上留意する点を、具体例を交えながら解説します。

① 電子帳簿保存法とは

　電子帳簿保存法は、1998年に施行されました。納税者である個人や法人が義務付けられている帳簿・書類の保存を、電磁的記録（データ）で保存する特例を認めた法律です。帳簿書類は、税務署等へ提出する申告書の正しさを証明するために必要なものです。しかし、帳簿・書類の紙での保存は税務署・納税者いずれにとっても相当な負担となっていることが問題とされ、この法律ができました。

　この法律の適用を受けて帳簿書類をデータで保存するためには、あらゆる要件をクリアしなければなりません。1998年当時はインターネットが今ほど普及していなかったため、電子保存そのものが技術的に難しく、データの真実性を証明するためには厳格な要件をクリアする必要がありました。その結果、電子帳簿保存法の承認を受ける納税者が極端に少ない状況に陥っていました。しかし、近年

何度か大きな改正が行われており、小規模事業者でも活用できる状況に変わってきました（③改正内容参照）。

② 電子帳簿保存法の構成

電子帳簿保存法は、下記の2つによって構成されています。

(1) 国税関係帳簿書類の保存方法の特例

1つが、国税関係帳簿書類の保存方法の特例です（電帳法4）。国税関係帳簿書類とは、青色申告法人における仕訳帳、総勘定元帳、決算・取引関係書類等のように、備付け、保存が義務付けられているものです。これらを紙ではなくデータで保存する場合の要件、手続等が定められています。請求書・領収書等の紙をスキャナで読み取る、「スキャナ保存」も含まれます。

これらの特例を適用するためには、以前は申請が必要とされていましたが、2022年1月1日以降は不要とされました。

(2) 電子取引による取引情報を授受した場合の電磁的記録の保存義務

もう1つが、電子取引を行った場合のデータの保存義務です（電帳法7）。電子取引とは、取引の最初から紙ではなくデータで取引情報の受渡しを行う取引です。この場合、データのまま保存することが義務となります。ただし、データの保存にはいくつか要件が定められています。

なお、データでの保存は「義務」となりますので、所轄の税務署長にあらかじめ承認申請を行う必要はありません。

「スキャナ保存」と「電子取引による取引情報の保存」は混同されることが多いですが、その違いは「最初は紙を使う（スキャナ保存）か、最初から紙を使わないか（電子取引の取引情報の保存）」です（図表 3-1）。

図表 3-1 ＞ スキャナ保存と電子取引による取引情報の保存の違い

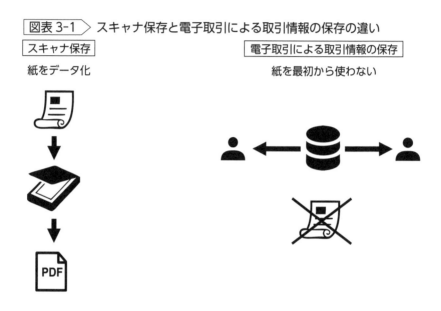

本書は電子取引をテーマとしていますので、後者の「電子取引による取引情報を授受した場合の電磁的記録の保存義務」に絞って解説・検討をします。

③ 近年の電子帳簿保存法（電子取引の取引情報の保存）の改正

2020 年度、2021 年度の税制改正では相次いで、電子取引の取引情報の保存に係る改正が行われました。

(1) 2020年度税制改正の内容

　税制改正が行われる以前は、電子取引を行った場合のデータ保存をするためには、以下のいずれかの要件を満たす必要がありました。

> ・データの受領者によるタイムスタンプ付与
> ・正当な理由がない訂正および削除の防止に関する事務処理規定の備付けおよび運用

　いずれも個人・中小企業にとっては、手間やコストの面から、導入が難しいものでした。

　そこで2020年度の税制改正により、電子取引を行った場合のデータ保存の要件が、上記2つに加え下記の2つの場合でも満たすことになりました。

> ・発行者のタイムスタンプが付されたデータを保存する方法
> ・データの訂正または削除を行った事実を確認することができるシステム（訂正または削除を行うことができないシステムを含みます）において、そのデータの授受および保存を行う方法

　このうち2番目の要件は、昨今中小企業の間でも利用が広がっている、**インターネット上で作動するクラウドソフト**を前提とした改正と考えられます。データの訂正または削除を行った事実を確認することができるクラウドソフトからデータを取り込めば、検索機能等の要件を満たした上で（**第2節**で説明します）そのデータを保存することによって、電子取引保存の要件を満たすことになりました。

(2) 2021年度税制改正の内容

　2021年度の税制改正では、電子取引をデータで保存した場合の検索要件が大幅に緩和されました（図表3-2）。2022年1月1日

以降に行う電子取引から適用されました。

図表 3-2 ＞ 2021 年度税制改正

要件	改正前 ➡	改正後
電子取引データの検索	・取引年月日、その他の日付、取引金額、その他主要な記載項目を検索条件に設定可能 ・日付または金額は範囲を指定して検索条件に設定可能 ・2以上の任意の記録項目を組み合わせて検索条件に設定可能	・検索項目を取引年月日、取引金額および取引先に限定 ・国税庁職員に対してデータダウンロードに応じたら範囲設定および項目を組み合わせて設定できる機能は不要 ・判定期間※における売上高が1,000万円以下である場合には、検索要件がすべて不要

※判定期間……個人の場合前々年、法人の場合前々事業年度

　また、税制改正以前は、電子取引データの保存を行う場合に紙に出力して保存することも認められていましたが、2022 年 1 月 1 日以降は認められないとされました。

　しかし、経済界から多くの反発を受け、2022 年度の税制改正では、2023 年 12 月 31 日までに行う電子取引保存は従来通り紙で行っても良いという宥恕規定が設けられました。

(3) 2023 年度の税制改正
　2023 年度の税制改正では、さらなる要件緩和が行われました。

図表 3-3 2023 年度税制改正

要件	改正前 ➡	改正後
電子取引データの検索	判定年度の売上高が1,000万円以下の事業者は免除	・判定年度の売上高が5,000万円以下の事業者は免除 ・電子取引の出力書面の提示または提出の求めに応じることができるようにしている事業者は不要
電子取引保存の猶予	2024年1月1日からは電子取引の紙保存廃止	2024年1月1日以降も、電子取引保存ができない相当の理由があり、データのダウンロードの求めに応じること・出力書面の提示または提出に応じられる事業者に限って紙保存OK

　電子取引の保存要件の1つである「検索要件」の免除される基準が、判定年度（個人事業者の場合には前々年、法人の場合には前々事業年度）の売上高が5,000万円（従前：1,000万円）以下の事業者とされました。また、電子取引の出力書面の提示または提出の求めに応じられる事業者についても、検索要件は不要とされました。

　さらには、恒久的措置として、要件に従った保存ができない相当の理由があり、「データのダウンロードの求めに応じられること・出力書面の提示または提出に応じられること」ができれば、電子取引保存の要件を満たさない状態の保存がOKとされました。

　上記2つの改正は、2024年1月1日以後に行う電子取引について適用されます。

　2023年度の税制改正は、システム導入の難しい小規模事業者の負担を軽減させる狙いがあったとされます。ただし、猶予措置はあくまでやむを得ない理由がある事業者に限られるため、電子取引保存の要件を満たし、データで受け取ったものはすべてデータで保存、というスタンスで進めていくことが基本となります。

第2節　電子取引の保存の要件

　ここでは、電子取引の保存を行うための要件と、具体的な取引ごとの保存が必要なデータを検討します。

①　取引情報とは

　取引情報とは、取引に関して受領し、または交付する注文書、契約書、送り状、領収書、見積書その他これらに準ずる書類に通常記載される事項をいいます（電帳法2五）。たとえば、領収書に記載される領収日付、宛名、金額・品名等の項目です。

②　電子取引とは

　あらためて電子取引とは、取引情報の授受を電磁的方式（データ）で行う取引をいいます（電帳法2五）。ここで、電子取引は通信手段を問わずすべて該当するので、次のような取引も電子取引に含まれます。

・EDI（Electronic Data Interchange。企業間でのデータのやりとりを自動化する仕組み）取引
・インターネット等による取引

- ・電子メールによる取引情報を授受する取引（添付ファイルによる場合を含みます）
- ・インターネット上のサイトを通じて情報を授受する取引
- ・取引所・ウォレットを通じて行う暗号資産・NFT の取引

③ 保存要件

(1) 保存場所

　取引情報の受領が書面で行われた場合の保存場所と同様、納税地または国内の事務所等で保存します。

　なお、見読性・検索性等の要件を満たしていれば、クラウドサービスなど、外部のサーバに保存をしている場合でも問題ありません。

(2) 保存期間

　通常の書面の書類と同様、原則として7年間（欠損金の生じている事業年度は10年間）の保存が必要となります。

(3) 見読性の確保

　データ保存場所において、データの処理ができるシステム、プログラム、ディスプレイおよびプリンタと、これらの操作説明書を備え付ける必要があります。加えて、データをディスプレイ等の画面に、整然かつ明瞭な状態で速やかに出力することができるようにしておく必要があります。

(4) 関係書類の備付け

　データを処理するシステムの概要を記載した書類の備付けが必要

となります。

(5) 検索機能の確保

以下の要件で、検索が可能な状態にする必要があります。

> ・取引年月日、その他の日付、取引金額その他の主要な記録項目を検索条件として設定できること
> ・日付または金額はその範囲を指定して条件設定できること
> ・2以上の任意の記録項目を組み合わせて条件設定できること

なお前述した通り、2021年度の税制改正により、2022年1月1日以降、1つめの条件は検索条件が取引年月日、取引金額および取引先に限定されました。また、2つめと3つめの条件は、国税庁職員に対してデータダウンロードに応じれば不要となります。

さらには、判定期間（個人においては前々年、法人においては前々事業年度）における売上高が5,000万円以下の者は、上記の検索機能すべてが不要となります。また、2023年度の税制改正により、電子取引の出力書面の提示または提出の求めに応じられる事業者についても、検索要件は不要となりました。

(6) 真実性の確保

電子取引の取引情報が真実であることを確保するため、以下のいずれかの措置がとられることが求められます。

> ①発行者のタイムスタンプが付されたデータを保存
> ②受領者によるタイムスタンプ付与した上で保存
> ③データの訂正または削除を行った事実を確認することができるシステム（訂正または削除を行うことができないシステムを含みます）において、そのデータの授受および保存

④正当な理由がない訂正および削除の防止に関する事務処理規程
の備付けおよび運用

　タイムスタンプや訂正または削除を行った事実を確認することが
できるシステムの導入はコストがかかりますので、小規模事業者の
多くは④の事務処理規程の作成で対応すると考えられます。

(7) 猶予措置

　電子取引の取引情報は要件を満たした上でデータで保存すること
が義務ですが、2023年度の税制改正により、要件に従った保存が
できない相当な理由があり、データのダウンロードの求めに応じら
れること・出力書面の提示または提出に応じられることができれ
ば、電子取引保存の要件を満たさない状態での保存が認められると
されました。

④　電子取引ごとの必要なデータ

　具体的な電子取引ごとに、保存が必要なデータを確認します。

(1) 電子メールにより取引情報を受け取った場合

　電子メールにより請求書等のデータを受け取った場合、受領者側
でデータの訂正・削除が可能です。したがって、請求書の発行者の
タイムスタンプが付与されていない場合には、

> ・受領者によるタイムスタンプ付与
> ・正当な理由がない訂正および削除の防止に関する事務処理規程
> 　の備付けおよび運用

のいずれかの措置が必要です。また、メール添付された請求書等の
データは、**メールソフト上で閲覧できるだけでは検索要件を満たし
ません**。したがって、③(5)の検索要件を満たした上で、別途ファイ
ル管理ソフト等に保存する必要があります。

(2) EC サイト等でクレジットカード決済し、領収書等をダ
　　ウンロードした場合

　Amazon 等の EC サイトで決済を行い、領収書等のデータをダ
ウンロードした場合、受領者側で訂正・削除が可能です。したがっ
て、ダウンロードしたデータにタイムスタンプが付与されていない
場合には、(1)の場合と同様、

> ・受領者によるタイムスタンプ付与
> ・正当な理由がない訂正および削除の防止に関する事務処理規程
> 　の備付けおよび運用

のいずれかの措置が必要です。
　なお、ダウンロードしたデータは、検索要件を満たした上で保存
をする必要があります。

(3) ASP を介した取引を行う場合

　外部の ASP（Application Service Provider）が提供するクラ
ウドサービス（ファイルストレージサービスなど）を利用して、デー
タを共有するケースがあります。たとえば、クラウドストレージに

一方が請求書を PDF 形式でアップロードし、もう一方が当該クラウドストレージにアクセスして確認・ダウンロードする場合などです。

　この場合、<u>データの訂正・削除が自動的に記録されるシステム</u>を利用している場合には、保存措置の要件の 1 つである「正当な理由がない訂正および削除の防止に関する事務処理規程の備付けおよび運用」を満たすことになります。したがって、あらたに取引相手と個別にデータの訂正および削除の防止に関する契約を結ぶ必要はありません。当該請求書のデータは、検索要件を満たした上で、外部のクラウドストレージまたは自社のサーバ内に保存すれば OK です。

(4) クレジットカードの利用データ、電子マネーによる支払データ、スマートフォンアプリによる決済データ等を活用したクラウドサービスを利用する場合

　外部のインターネットバンキングを利用した口座、クレジットカード、電子マネーのデータを取り込むことのできるクラウドサービスがあります。たとえば、クラウド会計ソフトやクラウド経費精算ソフトです。

　これらを使ってデータを取り込み、訂正または削除を行った事実を確認できる（または訂正または削除を行うことができない）場合には、<u>その取り込んだデータを、検索要件を満たした上で保存</u>することによって、電子取引の保存の要件を満たします。

　たとえば、クラウド会計ソフトで外部サービスから取り込んだデータは、外部から取り込まれたことがわかる仕様となっているものもあります（人が入力した取引と区分可能）。そして、取り込んだデータの削除機能はありますが、完全にシステムから削除されるのではなく、仕訳の対象外となるだけで、取り込んだデータ自体は

残ります。さらに取り込んだ明細の金額、内容は変更できません（摘要の追加は可能です）。これらの性質によって、「訂正または削除を行うことができない」といえると考えられます。したがって、取り込んだデータ（契約を解除しない限りデータはソフト上に残ります）によって、電子取引のデータ保存の要件を満たすことになります。

　ただ、通常クラウドサービスから取り込んだデータは簡易的なものが多く（たとえばモバイルSuicaアプリを使って店舗で決済した場合、通常「物販」としか表示されません）、これだけでは内容が分からず、正しい経理処理ができません。電子帳簿保存法のルールを満たしたとしても、**別途社内の管理体制も考える必要がある**のです。したがって、利用明細のデータを取引に添付する機能などを活用して、正しく経理処理をする体制を整えることが必要です。

⑤　消費税の仕入税額控除との関係

　2023年7月現在、④(1)～(3)で説明した電子取引は、データのみで請求書等が提供されますので、「書面での請求書等の交付を受けなかったことにやむを得ない理由がある場合」に該当し、法定事項を記載した帳簿のみを保存することにより仕入税額控除の適用を受けられます。

　しかし、2023年10月1日のインボイス制度が始まった後は、電子取引であっても取引情報にインボイスの法定事項が記載されていなければ原則、仕入税額控除はできません。現在電子取引で受け取っているデータについて、2023年10月1日以降インボイスの記載事項が含まれるか、確認が必要です。

　一方、④(4)のケースのように、店舗等でクレジットカードや電子

マネー、QRコード決済等を利用した場合には通常、紙の利用明細が発行されます。この利用明細には消費税の仕入税額控除に必要な項目が含まれていることが通常であるため、この利用明細をもって仕入税額控除とすることが可能です。2023年10月1日のインボイス制度が始まった後はインボイスの記載事項が利用明細に含まれているかどうか、確認が必要です。

なお、この利用明細は紙で発行されるため、電子取引には該当しません。したがって、データで保存する場合には、スキャナ保存の要件を満たして保存することが必要です。

⑥ デジタル資産の電子取引保存の具体例

これまで見てきたデジタル資産の電子取引として、具体例を挙げます。どのようなデータの保存が必要なのか、イメージしていただければと思います。

(1) インターネット広告

ASPの管理プラットフォームから売上明細の出力ができるため、それらのデータを保存します。消費税の観点からは、課税対象となる売上についてはインボイスに必要な項目（インボイス発行事業者の登録番号など）が揃っているか、確認が必要です。あらかじめASPがインボイス制度にどのように対応するか、確認しておいたほうが良いでしょう。

(2) デジタルコンテンツ販売

通常、デジタルコンテンツ販売はプラットフォームや決済代行業者を通じて行われるため、それらのツールから売上明細を出力し、

保存することになります。こちらも消費税の観点から、課税対象となる売上についてはインボイスに必要な項目が揃っているか確認が必要です。

(3) 暗号資産の売買

暗号資産の売買は、取引所で行われるもののほか直接ウォレットを通じて行われるものなどさまざまです。これらの取引は、取引所から出力できる明細などを、電子取引の保存要件を満たした上でデータのまま保存します。

(4) マイニング・ステーキング

マイニングやステーキングの記録は、ブロックチェーンのネットワーク上に記録されることが一般的です。これらのデータをCSVなどにして、電子取引の保存要件を満たした上で保存する必要があります。

(5) レンディング

暗号資産のレンディングは、主に暗号資産交換業者と行われ、利用料の明細は年間取引報告書という形で提供されることが通常であるため、このデータを電子取引の保存要件を満たした上で保存すれば良いでしょう。

なお、レンディングは消費税の課税対象取引なので、インボイスの項目も必要となります。あらかじめレンディングの運営会社のインボイス対応を確認したほうが良いでしょう。

(6) Defi

Defiについては、DEXから利息のレポートが出力できる場合には、そのデータを電子取引の保存要件を満たした上で保存すること

になります。そのようなレポートが出力できない場合には、収入を把握するために、年初と年末の残高がわかるスクリーンショットなどをデータとして残しておく対応が考えられます。

(7)　NFT

　NFT の売買が確認できるウォレットや、マーケットプレイスから出力できるデータを保存することになります。NFT を使ったブロックチェーンゲームで稼いだ暗号資産についても、明細をデータのまま保存することになります。

　明細データを出力できない場合には、Excel 等で検索項目（取引年月日・取引先・取引内容）を記載した上で保存する対応が考えられます。

第3節　実務上の留意点・政府の動き

　ここでは、顧問先（お客様）と税理士がデジタル化をすすめるにあたって留意すべき点と、政府のデジタル化への動きを説明します。

① 紙取引から電子取引に移行する

　書類の保存には、大きく分けて、紙媒体のものを電子データで保存する「スキャナ保存」と、最初から紙を使わずに電子データで取引し保存する「電子取引の取引情報の保存」があります。**デジタル化の本質は、後者の電子取引の取引情報の保存**です。最初からデータでやりとりをすれば、「原本とデータは同じものか」の確認は必要ありませんのでフローもシンプルですし、タイムスタンプ、人件費など余計なコストもかかりません。とはいえ、電子帳簿保存法というとまず「スキャナ保存」がイメージされるのは、それだけ紙でやりとりする社会が前提となっているということでしょう。

　たとえば、契約締結を考えてみます（**図表 3-4**）。まず契約書をスキャナ保存する場合です。担当者は契約書を印刷し、製本した上でそれぞれ捺印を行う必要があります。郵送にかかる時間を考えると、少なくとも数日〜1週間程度はかかるでしょう。さらに、押印済みの契約書をスキャナ保存する場合は、受領後速やかに、または業務サイクル期間後速やかにタイムスタンプを付与する必要があります。しかし、その後紙の契約書を捨てられるかというと、微妙な

ところです。というのも、電子帳簿保存法は廃棄して良いということになっていますが、契約書のスキャンデータでは、訴訟上単なるコピー扱いとなってしまうからです。つまり、現状では紙の契約書をスキャナ保存しようとする場合、タイムスタンプ付与等の要件が必要になる上にデジタル化の本質である紙の廃棄も簡単にはできないことになります。

　一方、最初から紙を使わない電子契約で電子署名の上締結を行えば、法的に有効なものとして扱われます。締結した契約書のデータは見読性、検索機能の確保その他の要件を満たした上で保存すれば、上記の手間から開放され、紙も増えません。もちろん電子取引への移行は自社だけでできるものではないので取引先との交渉が必要です。ただ、本質的なデジタル化を考えれば、紙をスキャナで電子化するより、最初から電子取引を行うほうが効率的であるといえます。契約書だけでなく日々の請求書等のやりとりすべてにおいていえることです。顧問先にも、この点は伝えたほうが良いでしょう。

図表 3-4 ＞ 契約締結のデジタル化

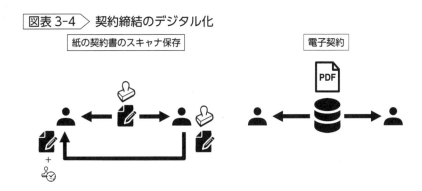

② 電子インボイス制度に向けて

　2023年10月から始まるインボイス制度（**第2章第3節**参照）を考えると、**領収書等はデータで保存することを基本とする**考え方を、いまから持っておくことが大事です。政府も、インボイス制度は電子取引を前提としているように思われます。なぜなら、デジタル庁と民間主導で電子インボイスの標準規格を作る動きが広まっており、電子帳簿保存法の電子取引の要件がここ数年相次いで緩和されているからです。2021年度の税制改正で、電子取引を行った場合に紙保存が原則廃止されたことも、電子取引を前提とした電子インボイスの普及を目指していることを物語っているのではないでしょうか。

　今まで紙を前提とした取引を行っていた個人・中小企業にとって、電子取引に移行することはハードルが高いことかもしれません。しかし、インボイス制度に限らず、消費税のように比較的システマチックに計算を行うことができるものは、実はデータを前提としたほうがミスや手間が減るのです。かえって、紙取引を行っているほうがインボイスの偽造などのリスクが高くなります。電子取引と、それに紐づいた電子インボイスであれば、人の手を極力介さずに消費税の計算を行うことができます。人が足りない個人・中小企業だからこそ、電子インボイス制度は必要です。

　税理士としては、顧問先の状況を把握した上で、なるべく電子取引に移行するようアドバイスすることが大切です。

③ 最近の行政のデジタル化への取組み

　電子取引が増えるにあたって、既存の紙中心を前提としたルール

に基づく業務は非効率であることが多いです。行政も近年、デジタル社会に向けて動き出しています。たとえば、以下のことが実施されています。

・大法人に対する電子申告の義務化（2021.4.1〜）
・地方税共通納税システムスタート（2020.10.1〜）
・法定調書の提出枚数が 100 枚以上の場合の e-Tax の義務化
　（2021.1.1〜）
・マイナポータルを使った年末調整・確定申告手続の電子化
　（2020 年分〜）
・マイナポータルを使った法人設立ワンストップサービス
　（2020.1〜）
・国税庁チャットボットの運用開始（2021.1〜）
・納税証明書の電子化（2021.7〜）

　これらの取組みはまだ発展途上の段階ではありますが、今後大幅に増えていくデジタル資産・電子取引の捕捉をするにあたっても必要なことと考えています。2023 年 6 月に公表された「税務行政のデジタル・トランスフォーメーション—税務行政の将来像 2023—」（国税庁）には、さらなる納税者の利便性の向上として、申告・年末調整の簡便化、AI を活用した課税事務の効率化などの目標が掲げられています。税金を納める納税者側も、税金を捕捉する行政側も、いずれにとってもメリットがあることです。
　納税者の期待に応える税理士も、これらの動きに乗り遅れるわけにはいきません。デジタル社会における税理士の役割を理解した上で、情報をキャッチアップしていく必要があるでしょう。

税理士のデジタル化

　第3章ではデジタル資産・電子取引と関係の深い電子帳簿保存法の概要、今後の課題を検討しました。

　日本の企業の生産性を落としていることのひとつとして、ペーパーレスが進まない点が挙げられます。ペーパーレスの中でも、最初から紙を使わない電子取引への移行がなかなか進まないことが問題です。

　筆者は常々、デジタル化は税理士が率先して行うべきだと考えています。なぜなら、税理士業はデジタル化しやすい業務だからです。

　筆者が実践しているデジタル化は、以下の通りです。

> ・紙の契約書締結は行わない（電子契約）
> ・紙の請求書を送らない（クラウド共有またはPDF添付）
> ・紙の領収書を預からない（基本的に顧問先に仕訳入力をしていただき、領収書は必要に応じてデータとして添付いただく）
> ・100％電子申告・電子納税
> ・帳簿を綴って送らない（すべてPDFにて送付）

　以上によって、事務所にプリンタがなくても、書類を保管する棚がなくてもやっていけています。どうしても必要な場合はコンビニのネットプリントを利用しています。

　デジタル化に関心のあるお客様にご依頼いただくことも大切

です。ホームページにデジタル化をしていることをアピールしておくのも良いでしょう。既存の顧問先にとっても、税理士側から少しずつデジタル化をすすめていくことが、生産性を上げ、より重要な仕事（たとえばコミュニケーション等）に集中するために必要です。

第4章
相談事例

デジタル資産・電子取引全般に関する相談

① 他人のアカウントで得たアフィリエイト収入

Q

私は自身のブログにて Google AdSense プログラム を利用し、個人で広告収入を得ています。Google の 規約は定期的にチェックしていますが、急にアカウン トが停止になってしまうことは避けたいです。そのた め、家族（妻）名義でもうひとつアカウントを作って おり、そちらでもブログを運営し、収益を上げていま す。実際に作業をするのは私で、家族（妻）はブログ 運営に関与していません。

この場合、形式的な名義である家族（妻）が Google AdSense で得た収益について確定申告を行う必要が ありますか？

ブログ運営に関与していない家族（妻）が確定申告を 行う必要はありません。 **A**

　所得税法上、資産または事業から生ずる収益を帰属する者が単な る名義人で、その者以外の者が享受する場合には、その享受する者 に収益が帰属するとされています（いわゆる「実質所得者課税の原

則」、所法 12)。したがって、実際に事業から生ずる収益を享受している相談者自身が、妻名義で得た収益を自分の収益と合算して確定申告を行う必要があります。

② 海外で得たアフィリエイト収入

Q 私は現在海外に 1 年以上住んでおり、日本の ASP からアフィリエイト収入を得ています。報酬は、日本の銀行口座に振り込まれています。日本に自宅や事務所等の拠点は一切ありません。
この場合、私はアフィリエイト収入について日本に戻って所得税の確定申告を行うべきでしょうか？
また、売上は 1,000 万円を超えていますが、消費税も納税する義務はありますか？

日本に戻って所得税、消費税いずれも確定申告を行う必要はありません。

　日本の所得税法上、国内に住所がない、または引き続き 1 年以上居所がない者（非居住者）は、日本国内で発生した所得（国内源泉所得）のみが課税対象となります。

　一般的にアフィリエイト収入は、事業による所得に該当します。国内源泉所得のうち事業による所得は、国内に PE がなければ課税されない「PE なければ課税なし」のルールが採用されています。

　したがって、相談者は非居住者で、かつ事業による所得であるアフィリエイト収入を得ていますが、日本国内に事務所等の PE がな

いため、対象外扱いとなります（これに加え、居住地と日本の間に租税条約が締結されている場合には、租税条約の内容も確認する必要があります）。

　また、ご相談内容のアフィリエイト収入は、「国境を越える電気通信利用役務の提供」に該当します。したがって、役務の提供を行う場所ではなく、役務の提供を受ける場所で国内取引であるか（消費税の課税対象となるか）を判定します。役務の提供を受ける場所は、日本のASP（役務提供を受ける側）の所在地となりますので、日本国内となります。

　なお、広告の配信は「事業者向け」のサービスとなりますのでリバースチャージが適用されます。消費税を納付する義務があるのは相談者ではなく、日本のASPとなります。したがって、相談者が日本にて消費税を直接納める義務はありません。

③ 海外で日本のクラウドソーシングサイトを利用して得た収入

Q 海外に居住している者です。日本のクラウドソーシングサイトで、Web記事の翻訳の仕事をし、納品しました。著作権の使用料には該当しません。日本国内に事務所等の拠点は持っていません。報酬は日本の銀行口座に振り込まれています。
この場合、私は日本に戻って確定申告を行う必要がありますか？

日本にて確定申告を行う必要はありません。

　所得税法上、非居住者は日本に国内源泉所得がなければ日本にて所得税を納める義務はありません。

　相談者が得る報酬は、事業による所得として国内源泉所得に該当する可能性があります。しかし、非居住者の方が日本で事業として報酬を得る場合、日本国内に支店、事務所等のPEを有していなければ所得税は対象外とされています。したがって、相談者は日本に拠点を有していないため課税対象外となります。また、著作権の利用料に該当しないということですので、日本にて源泉徴収の義務はありません。

　ただし、相談者がお住まいの国と日本が租税条約を結んでいる場合には、日本の所得税法よりも租税条約が優先適用され、租税条約の内容を確認しなければならないケースもあるので、ご注意ください。

　なお、報酬の振込先が日本国内の銀行であっても、そのことは直接日本での納税義務の判定とは関係ありません。

④ 海外のクラウドソーシングを通じて外貨で得た収入の為替レート

Q 私は日本にいながら海外のクラウドソーシングサービスを使って、外貨で収入を得ています。決済代行サービスの PayPal を通じて、日本の銀行口座へ入金しています。

この場合、いつの時点の、どこで公表されている為替レートを使って売上を計算するのでしょうか？

また、PayPal へ支払う為替手数料、出金手数料の取扱いを教えてください。

A 売上の円換算は、取引日の為替レートを使います。取引日とは、顧客に成果物を納品した日です。

PayPal へ支払う為替手数料・出金手数料は、事業所得または雑所得の計算上、経費になります。

　外貨で売り上げた場合には、取引日（成果物を納品した日）における為替レートで円に換算します。具体的には、電信売買相場の仲値（TTM）を使います。ただし、特例として、継続適用を条件として電信買相場（TTB）を使うこともできます。なお、土日祝日など、為替レートが公表されていない日が取引日だった場合には、取引日前の最も近い日の為替レートを使います。

　なお、どこが公表している為替レートを使うかに、決まりはありません。普段お使いの金融機関が公表しているものなど、1 つに決めて継続して利用すれば問題ありません。

また、PayPalなど決済代行業者に支払う為替手数料、出金手数料は事業所得または雑所得の計算上、経費とすることができます。経費の円換算は、売上と同様取引日の電信売買相場の仲値（TTM）で行います（継続適用を条件に、電信売相場（TTS）を使うことも可能です）。

⑤ 非居住者が日本の顧客向けに行うオンラインサロンサービス

Q 海外に1年以上居住している非居住者です。私は日本で個人事業として行っていたオンラインサロンを、海外移住したあとも継続して運営しています。日本に事務所等の拠点はありません。定期的に情報を発信する、勉強会を開催する、希望者にコンサルティングを行っています。会費は、日本の銀行口座に振り込まれています。
この場合、私は日本で所得税の確定申告を行う必要がありますか？

日本で所得税の確定申告を行う必要はありません。

　非居住者は、日本に国内源泉所得がある場合のみ、日本で納税する義務があります。
　相談者が行っているオンラインサロンサービスは、事業所得であり国内にPEがなければ課税対象外となります。

なお、居住地と日本の間に租税条約が締結されている場合には、租税条約の内容も確認する必要があります。

⑥　海外のFX取引所で発生した損失の損益通算の可否

> **Q** 私は、日本の居住者です。日本の取引所と海外の取引所を利用して、FX投資を行っています。日本の取引所で売買したFXについては利益が出ましたが、海外の取引所で売買した分については損失となりました。この場合、海外の取引所で売買したFXの損失について、日本の取引所で売買したFXの利益と相殺することはできますか？
> また、相殺できなかった部分については、翌期以降に繰越しができますか？

> 海外の取引所で売買したFXの損失分は、国内の取引所で売買したFXの利益と相殺することはできません。また、海外の取引所で売買したFXの損失は、翌期以降に繰り越すことができません。 **A**

　FXによる差益が生じた場合には、他の所得と区分し、「先物取引に係る雑所得等」として申告します（申告分離課税）。また、損失が生じた場合には、先物取引に係る雑所得等に限り相殺することができます。なお、相殺をしても引ききれない損失がある場合には、翌年以後3年繰り越すことができ、その間に発生した先物取引に

係る雑所得等の金額から差し引くことができます。

　ただし、日本の金融商品取引業者または登録金融機関以外との取引である海外の取引所で売買したFXについては、申告分離課税ではなく総合課税となります。損失を相殺できるのは申告分離課税の対象となる先物取引に係る雑所得等のみとなりますので、差損が生じていても他の所得と相殺することはできません。また、損失が生じていても、翌年以降に繰り越すことはできません。

⑦　非居住者が日本のFX取引所を通じて得た利益

 私は、日本に住所がない非居住者です。海外にいながら、日本の取引所を通じてFX投資を行い、利益が出ました。
この場合、私は日本で所得税を納める義務はありますか？

 非居住者の方が海外にいながら日本の取引所を通じてFX投資を行って生じた利益については、日本で所得税を納める義務があります。

　非居住者が日本の取引所を通じて行ったFX取引によって得た利益は、所得税法が定める国内源泉所得の「資産の運用・保有により生ずる所得」に該当します（所法161①二）。FX取引の未決済取引に係る契約上の地位の利用による権利の行使、または保有によって生じた利益と考えられるからです。

したがって、非居住者が日本の FX を通じて得た利益については、日本で申告し、所得税を納める義務があります。

⑧ 暗号資産のレンディング（貸付け）で稼いだ利用料

Q 暗号資産取引所のレンディングサービスを利用し、利用料収入を得ています。利用料は、一定の契約期間満了時に取引所に入金します。この分は確定申告を行う必要がありますか？
また、必要な場合の確定申告の方法を教えてください。

A 暗号資産のレンディングで得た利用料の暗号資産は、確定申告の必要があります。
利用料を取得した時の価額を雑所得として申告することになります。

　暗号資産のレンディングサービスで得た利用料収入は、所得税の課税対象になります。国税庁「暗号資産に関する税務上の取扱いについて（情報）」では、レンディングで得た暗号資産は、マイニングやステーキングと同様に所得税の課税対象になるとされています。
　したがって、レンディングにより取得したときの暗号資産の価額を収入金額にし、雑所得として申告する方法となります。

Q 私は会社員で、ステーキングサービスを利用し、暗号資産の報酬を得ています。この報酬は確定申告する必要がありますか？
また、ある程度暗号資産を稼いだら、取引所で売却を行っています。ステーキングのためのPC、電力代を抑えるために太陽光発電の設備を購入していますが、自宅でもこれらを利用しています。確定申告が必要な場合、どのように行えば良いですか？

A ステーキングで得た暗号資産は、確定申告の必要があります。暗号資産を取得した時の価額を雑所得として申告することになります。また、ステーキングで得た暗号資産は、複数回による暗号資産の取得のため、適切な単価計算が必要です。ご購入のPCや太陽光発電の設備は、事業利用分が経費となります。

　暗号資産のステーキングサービスで得た収入は、暗号資産の使用による利益として所得税の課税対象になります。マイニングやレンディングと同様、ステーキングにより取得した時の暗号資産の価額を収入金額にし、雑所得として申告する方法となります。

　また、ステーキングによって増加した暗号資産に基づき、単価計算を行う必要があります。したがって、その後取引所等で暗号資産を売却した場合には、売却時の金額からステーキングを加味した取得価額を差し引いて売却益を計算します。

なお、PC、太陽光発電の設備等の購入費用は、事業利用分とプライベート利用分に合理的な割合で按分(あんぶん)し、事業利用分に係る金額のみを雑所得の計算上経費とすることができます。

⑩ 暗号資産のステーキングで生じた損失

私は会社員で、ステーキングサービスを利用して暗号資産の報酬を得ています。そのため、自宅にあるPCやクラウド上のシステム（ノード）を、24時間365日稼働させています。安定して稼働しているときは良いのですが、予期せぬ停電やクラウドシステムの障害などでPC等がオフラインになってしまうことがあります。この場合、預けていた暗号資産（元本部分）が大幅に減ることもあります。
この減った暗号資産について、どのように処理すれば良いでしょうか？

減った暗号資産の取得価額を、雑所得の計算上経費にするか、雑損控除として処理する方法があります。

1つめに考えられる方法は、減った暗号資産の取得価額を雑所得の計算上経費にする方法です。ステーキングによって得られた暗号資産を、0円で売却したイメージです。ステーキングを行うためには避けて通れない必要経費であるということで処理します。

2つめが、雑損控除として差し引く方法です。雑損控除の要件の

1つに、「生活に通常必要でない資産に該当しない資産に生じた損失であること」がありますが、暗号資産は決済手段としての側面もあるので現預金と同様の扱いになる（雑損控除の対象となる）と考えられます。また、自然災害による停電や、人為的なミスが原因で生じるクラウド障害などは、雑損控除の対象になります。なお、雑損控除で処理する場合、雑所得が0であっても他の所得から差し引くことができます。

⑪ ゲーム内で取得したNFT、トークンの確定申告

Q 私は、普段は会社員として勤めています。最近暗号資産に興味を持ち、ブロックチェーンゲームを始めました。そのゲームでNFTの売買をして利益を得たり、ゲームの報酬としてトークン（市場で売買が可能なもの）を得ています。この場合、私は確定申告をする必要がありますか？

A NFTの売買により得た利益とブロックチェーンゲームの報酬として得たトークンの額の合計額が20万円を超える場合には、確定申告が必要です。

　相談者の方は会社員なので、NFTの売買により得た利益とブロックチェーンゲームの報酬で得たトークンの額が20万円を超えている場合には、確定申告をする必要があります。
　まず、NFTの転売により得た利益については、原則として譲渡所得として申告が必要です（その転売が営利を目的として継続的に

行われる場合には事業所得または雑所得に区分されます）。この場合の譲渡所得の金額は、

> 譲渡所得＝ NFT の転売収入 － NFT の取得費 － NFT の譲渡費用
> 　　　　　 －特別控除額

で計算します。

　次に、ブロックチェーンゲームで得たトークンについては、雑所得として申告が必要です。この場合の雑所得の計算方法は、

> 雑所得＝ブロックチェーンゲームの収入金額－ブロックチェーン
> 　　　　ゲームの必要経費

となります。

　収入金額は、トークンの取得の都度行うことになりますので、トークンの時価を都度把握して計算する必要があります。ただし、計算が煩雑になるため、以下の簡便法も認められています。年末と年始の残高の差額から購入したトークンを差し引いて、報酬として得たトークンの額を簡便的に計算する方法です。

> その年の 12 月 31 日に所有するトークンの総額－その年の 1 月
> 1 日に所有するトークンの総額－その年に購入したトークンの総
> 額 ＝ 所得金額

　なお、今回の相談では市場で売買されるトークンを取得した場合の計算方法であり、そのゲーム内だけで利用でき、他の暗号資産と交換できないなど時価算定が困難なトークンについては、雑所得の金額は 0 円として差し支えないとされています。

⑫ ブロックチェーンゲームで取得したトークンの取得時が不明である場合

Q 私は、「歩く / 走るとトークンを得られる」ブロックチェーンゲームをしてトークンを稼いでいます。稼いだトークンの時価について確定申告が必要だと思うのですが、「いつ発生したか」が不明であるため、時価を計算できません。この場合の所得の計算はどのように行えば良いでしょうか？

A 簡易的な計算で所得を計算していただくことになります。

「○○（例：Move）to Earn」というように、何かアクションをすることでトークンを稼げるブロックチェーンゲームが、日本で2022年以降流行しました。これらのゲームで稼いだトークンは、原則としてその時の価額により換算した金額を雑所得として申告する必要があります。

ただし、ブロックチェーンゲームの中には、いつトークンを得られたのかが不明であるものも少なくありません。この場合は、時価を算定することが困難であるため、以下の簡易的な方法により、所得を計算する方法が認められています。

> その年の12月31日に所有するトークンの総額－その年の1月1日に所有するトークンの総額－その年に購入したトークンの総額＝所得金額

なお、ブロックチェーンゲームを複数行って異なるトークンを稼いでいる場合には、ゲームごとにトークンの総額を管理することが必要なので、ご注意ください。

⑬　Defi における利息獲得時が不明である場合

私は、Defi を利用して暗号資産を預け入れ、利息収入を得ています。この利息収入について確定申告は必要でしょうか？　また、利息はタイムリーに入金されるため、「いつ収入を得たか」が明確ではありません。この場合の所得計算は、どのように行えば良いでしょうか。

Defi で得た利息収入は確定申告が必要です。また、「いつ収入を得たか」が明確でない場合には、簡便的な計算方法により所得を計算する方法が考えられます。

　2023 年 7 月現在、Defi に関する正式な国税庁の見解は公表されていません。マイニング、ステーキング、レンディングに準じれば利息発生時のレートで換算した金額を収入とする方法が妥当と考えられます。

　Defi については、株式のような年間取引報告書のようなものが発行されることはなく、いつ利息が発生したのかが曖昧なものもあります。この場合、下記で示すように、ブロックチェーンゲームで取られているような簡便法で処理する方法が考えられます。

その年の 12 月 31 日に所有する Defi に預け入れた暗号資産の総
額－その年の 1 月 1 日に所有する Defi に預け入れた暗号資産の
総額－その年に Defi に預け入れた暗号資産の総額＝所得金額

⑭　DAO の税務申告

 私（個人事業主）は、とあるプロジェクトを行
うために DAO（Decentralized Autonomous
Organization）を立ち上げました。その際、DAO が
運用する資金として共通の財布（Tresuary Wallet）
をスマートコントラクト上に作成しました。この
Tresuary Wallet には、DAO へ参加する権利である
ガバナンストークンとしての NFT の購入代金が入金
されます。資金の使い道は、DAO のメンバーの投票
で決定され、その出金はすべてブロックチェーン上で
行われます。プロジェクトは DAO のメンバーが個々
に行い、私は関与しません。プロジェクトで利益が出
た場合には、一部 Tresuary Wallet に戻されること
もあります。
この場合、DAO としての収入・経費をどのように計
算して税務申告を行えば良いでしょうか。

DAO の参加者がそれぞれ申告を行い、税金計算・申
告を行うことになります。

DAO については、2023 年 7 月現在、株式会社や合同会社のように法人格が与えられておらず、DAO として収入・経費を計算して申告することができません。そのため、メンバー各自が個々に収入と経費を計算して申告を行うことになります。

　したがって、Treasury Wallet に入金された NFT の代金である暗号資産については、Treasury Wallet を作成した創設者の収入とし、プロジェクトのために DAO のメンバーに送金された暗号資産は経費として処理することが妥当と考えられます。プロジェクトの実行者となった DAO のメンバーは、入金された暗号資産を受け取り時の取り決め（返還の義務があるか・ないか等）に基づいて収入または預かり処理を行う方法が考えられます。利益の一部を Tresuary Wallet に戻す場合も、取り決めに基づいて経費または預り金の相殺で処理することになるでしょう。

　このように、DAO は法人格がないため、DAO としての活動を申告することはできず、雇用を行うこともできません。したがって、DAO の参加者が独立した個人事業主として税金を計算・申告しなければいけない点に注意が必要です。

第2節 デジタル資産の譲渡に関する相談

① 個人が持っている YouTube チャンネルの法人への譲渡・国外転出時課税

 Q 個人で YouTube チャンネルを所有し、運営しています。収益が徐々に増えてきたため、法人化をしようと思っています。法人化した後は、現在個人で運営している YouTube チャンネルを法人に譲渡し、運営していきたいと考えています。この場合、なにか税金はかかりますか？

また、近い将来海外に移住して法人を設立しようと考えています。海外転出時に、価値のある YouTube チャンネルがあることによって日本にて課税されるルールはありますか？

個人が所有している YouTube チャンネルを法人から対価を受け取ることなく無償で贈与した場合、個人にはみなし譲渡所得として所得税が、法人には受贈益として法人税が課される可能性があります。

また、海外転出時に、価値のある YouTube チャンネルがあることを理由に課税されるルールはありません。 **A**

（1） YouTube チャンネルの譲渡

　個人が運営していた YouTube チャンネルをそのまま法人で運営する場合、既に個人で培ったチャンネル登録者数、視聴回数等の、収益の源となる価値が法人に移転することになります。質問のケースでは譲渡する側・購入する側が実質同じ人物であるため無償で行うことが可能ですが、まったく関係のない第三者に譲渡する場合には対価が発生するものと考えられます。したがって、このまま個人から法人へ価値の移転が無償で行われると、本来個人が納めるべきだった税金を意図的に減らすことができてしまいます。

　そこで、下記の措置が考えられます。

　まず、個人には、YouTube チャンネルを無償で譲渡したときに、そのときの時価で譲渡したものとして譲渡所得課税が発生すると考えられます（みなし譲渡所得課税）。時価はその時の YouTube チャンネルの価格ですが、算定方法は厳密に決められていません。実務上は、無体財産権（著作権・営業権など）の評価方法を参考に行うことになるでしょう。

　また、法人には YouTube チャンネルを無償で取得したとされ、受贈益として法人税が課されます。

　このように、実質的に同一人物が運営する YouTube チャンネルであっても、収益を生み出している資産を個人から法人に移転させた場合には、個人にとってはいったん資産を売却したものとみなされ、法人にとってはタダで資産を取得したものとして受贈益が発生する可能性があることに注意です。

（2） 海外転出時における課税ルール

　海外転出時におけるルールとして、「国外転出をする場合の譲渡

所得等の特例」（国外転出時課税）があります。これは、国外に転出する人が1億円以上の有価証券等を所有している場合には、その資産の含み益に所得税を課すというルールです。

　ただし、対象となる資産は、

・有価証券（株式、投資信託等）
・匿名組合契約の出資持分
・未決済の信用取引・発行日取引・デリバティブ取引

に限られています。

　したがって、価値のあるYouTubeチャンネルを所有している人が海外に転出する場合には、該当しません。

② 暗号資産、NFTの所得計算

Q 私は会社員で、週末に暗号資産・NFT取引をしています。内容は、売買の他にステーキング、ブロックチェーンゲームを行っています。取引数が多く、所得計算を行うのが大変です。何か良い方法はないでしょうか？

A 国税庁が公表する暗号資産の計算シート（Excel）をお勧めします。また、ブロックチェーンゲームで入手した暗号資産については、簡便的な計算方法も認められています。

暗号資産の所得計算は複雑で、特に取得単価の計算が重要です。

巷にはさまざまな暗号資産所得計算ツールが出ていますが、高価なものも多く、ツールに任せてしまうと計算がブラックボックス化してしまい、計算結果が正しいものかわからなくなってしまう点が大きなデメリットです。

　そこで、筆者がお勧めするのが、国税庁のHPから無料でダウンロードできる暗号資産の所得計算書（総平均法・移動平均法両方あり）です。暗号資産ごとに、暗号資産取引所から発行される年間取引報告書（日本円での取引）、それ以外の取引（暗号資産同士の交換、商品の購入、マイニング、ステーキングなど）で入力が分けられています。売買の履歴を入力すれば、自動的に期末の数量、単価を計算してくれます。

　暗号資産の取引は「発生時のレート」で日本円に換算して記録しなければならないので、この計算シートだけですべて行うのは大変です。したがって、取引履歴に基づいた日本円の換算は数式を利用して別シートで行い、この所得計算シートに転記する形で行う方法が良いでしょう。手間はかかりますが、「自分が納得した所得金額」を申告することのほうが大事と考えます。

　また、NFTの所得計算については、たとえ売却をしていなくても銘柄ごとに取得価額を記録しておきます。譲渡所得を計算する際に必要となります。

　ブロックチェーンゲームで獲得したトークンについては、**第1節 Q12** の通り、「その年の12月31日に所有するトークンの総額」から「その年の1月1日に所有するトークンの総額」と「その年に購入したトークンの総額」を差し引いて所得金額を計算する簡便的な方法が認められています。取引が多すぎて管理が難しい場合には、検討すると良いでしょう。

③ 自分で作成した NFT の売却

 Q アニメのキャラクターを作るクリエイターとして会社で働いています。
このたび、副業でブロックチェーン上のゲームで動くキャラクターやアイテムを作成してNFT化し、プラットフォーム上で売却しました。対価は、暗号資産で受け取りました。
この場合、私は確定申告をする必要がありますか？
必要がある場合、どのように所得を計算すれば良いでしょうか？

NFTを組成して売却したことによる利益は、確定申告する必要があります。
この場合、所得区分は雑所得になります。 **A**

　個人がNFTを組成して売却したことによる利益は、著作権の譲渡または副業収入の性質があるため、雑所得として、所得税の課税対象になります。

　この場合の雑所得の金額は、NFTの譲渡収入額からそのNFTに係る必要経費を差し引いた金額となります。

④ 購入した NFT の売却

Q 私は会社員です。NFT のマーケットプレイスを通じてデジタルアートの NFT を購入し、その後第三者に売却しました。購入したときよりも NFT は値上がりしていたため、売却益が発生しています。この場合、私は所得税の確定申告が必要でしょうか。

NFT を転売して得た利益は、所得税の課税対象となり確定申告が必要です。 **A**

　NFT をマーケットプレイス上で転売したことにより、あらたに経済的価値を取得したと認められることから、所得税の課税対象となります。

　質問の取引は、デジタルアートの閲覧に関する権利の譲渡に該当し、譲渡所得として申告が必要です。譲渡所得の金額は、

> 譲渡所得＝ NFT の転売収入－ NFT の取得費－ NFT の譲渡費用
> 　　　　　－特別控除額（50 万円）

で計算します。

　NFT の転売収入を、マーケットプレイス内で流通するトークンで受け取った場合には、そのトークンの時価が転売収入となります。NFT の取得費とは、その NFT を購入したときの費用となります。NFT の譲渡費用とは、NFT を譲渡するために要した費用（たとえばマーケットプレイスで発生した手数料、NFT 作成者に支払われるロイヤリティなど）です。

デジタル資産・電子取引に関する消費税の相談

① 海外の非居住者に対するアフィリエイトサイトの売却

Q　日本にて数年前から事業として運用し、収益を上げていたアフィリエイトサイトを、海外に住んでいる非居住者の方に売却することになりました。価格は、現在の収益や今後の収益見込を勘案して、双方納得の上決定しました。
この場合、消費税を上乗せする必要がありますか？

A　消費税を上乗せする必要はありません。

　アフィリエイトサイトを売却する場合、売却時のアフィリエイトサイトの所在地において国内取引であるかを判定します。ただし、アフィリエイトサイト等の Web サイトの所在地は、事業を行う者の所在地なのか、それともサーバの所在地なのか、明確に定められていません。そこで、他の資産を参考にして検討することになります。
　たとえば、目に見えない資産として著作権やノウハウ等については、その売却を行う者の所在地とされています。営業権についても、

その権利に関する事業を行う者の所在地とされており、アフィリエイトサイトも事業を行う者の所在地で判定することが適当と考えられます。したがって、当該アフィリエイトサイトの売却は、相談者の事業所が日本にあるということで、国内取引に該当し、課税の対象となります。

　ただし、売却先は国外の「非居住者」であり、非居住者への無形固定資産等の売却は「免税取引」に該当するため、消費税は免除されることになります。

② 非居住者が行う日本の居住者向けのオンラインコンサルティング

Q 海外に1年以上居住している者です。ZoomやTeamsを通じて、日本の個人や法人向けにコンサルティング（マーケティングに関するもの）を行っています。代金決済はすべてPayPal（決済代行サービス）で行っています。年間の売上は、1,000万円を超えます。日本には住所がなく、事務所等の拠点もありません。
この場合、私は日本にて所得税を支払う必要がありますか？
また、前々年の売上が1,000万円を超えるので消費税も支払う必要がありますか？

日本にて所得税を支払う必要はありません。ただし、消費税については、消費者向けの国境を越える電気通信利用役務の提供に該当する場合、相談者みずからが消費税の納税を行う必要があります。

　日本の所得税法上非居住者は、事業所得について、日本国内に事務所等の PE がなければ、所得税は対象外となります。したがって、日本での納税は発生しません。

　また、消費税について国税庁は、「電気通信利用役務の提供」の例示として、「電話や電子メールなどを通じたコンサルタント」を掲げています[1]。したがって、相談内容の「Zoom や Skype を利用したオンライン上でのコンサルティング」が「電気通信利用役務の提供」に該当する可能性があります。

　電気通信利用役務の提供に該当した場合を考えます。この場合、課税の対象となるか否かの国内取引の判定は、「役務の提供が行われた場所」ではなく、「役務の提供を受けた場所」で行います。今回の相談の場合、役務の提供を受けるのは日本にいる個人または法人です。したがって、役務の提供を受ける場所が日本国内であるため、国内取引に該当し、課税の対象となります。

　さらに、その役務の提供が消費者向けか、事業者向けかで取扱いが異なります。消費者向けである場合には、国外事業者（相談者）みずからが日本にて消費税を納める義務がありますが、事業者向けである場合には国内事業者が代わりに消費税を預かって税務署へ納めることになります（リバースチャージ）。

---

[1] 国税庁「国境を越えた役務の提供に係る消費税の課税の見直し等について（国内事業者の皆様へ）」

相談の内容は、消費者向けの電気通信利用役務の提供になりますので、相談者みずからが日本にて消費税を納める必要があります。

③ 海外のゲーム開発業者が行う、プラットフォームを通じた日本のユーザー向けのゲームアプリの販売

Q 海外でゲームの開発・販売をしている会社です。
販売先は主に日本における個人ユーザーで、大手プラットフォームを通じて配信を行っています。日本への売上は、2年前の時点で1,000万円を超えています。
当社は、日本にて消費税を納める義務がありますか？

A 日本にて、消費税を納める義務があります。

　プラットフォームを通じたゲームの配信は、「国境を越えた電気通信利用役務の提供」に該当します。したがって、「役務の提供が行われた場所」ではなく、「役務の提供を受けた場所」にて消費税の内外判定を行います。役務の提供を受けた場所は、ユーザーがいる日本になりますので、国内取引に該当し、消費税の課税対象となります。

　また、役務の提供先が主に個人ユーザー（消費者）であるため、国外事業者である会社みずからが消費税を納める義務があります。したがって、相談者の会社は消費税を計算し、自らが日本にて消費税の申告納付を行う必要があります。

④ 個人が Amazon の Kindle で出版を行った 場合のロイヤリティ収入

Q 個人で Amazon の Kindle で出版を行い、Amazon からロイヤリティが入金されました。この入金は、消費税の課税対象ですか？
なお、私は日本の居住者で、執筆は日本で行いました。

A Amazon の Kindle で出版を行った場合に得られるロイヤリティ収入は、免税取引と考えられます。

　個人や法人が事業の一環として、電子書籍を販売するケースも増えてきました。

　Amazon の Kindle で出版をして本が売れた場合、販売価格のうち 35％または 70％がロイヤリティとして個人に支払われます。支払元は外国の会社である Amazon.com の関連会社です。

　この取引は、海外の会社 (非居住者) に対する電子書籍の配信をする権利を与える行為となりますので、非居住者に対する役務の提供ということで輸出免税等に当たります。したがって、ロイヤリティ収入に対する消費税は免除されます。

⑤ 登録国外事業者でない事業者に対して支払う 電気通信役務提供サービス

Q 外国の会社に、インターネット広告費用を支払っています。

このたび、その会社から「日本国の要請により消費税を上乗せする必要がある」という報告を受け、請求額に消費税（VAT）が上乗せされるようになりました。

しかし、国税庁が公表している「登録国外事業者名簿」を見ても、その会社の名前は公表されていません。

この場合、上乗せされている消費税についてどのように処理すれば良いでしょうか？

消費税の仕入税額控除ができないため、「対象外取引」として処理する必要があります。 **A**

　国税庁長官の登録を受けた登録国外事業者に登録されていない国外事業者からの仕入は、現状仕入税額控除の対象となりません。したがって、登録国外事業者名簿に記載されるまでは対象外取引として処理する必要があります。

⑥ ブロガー・アフィリエイターへのインボイス制度の影響

Q 私は、ブログに記事を書く、商品を紹介することを通じて広告収入を得ているブロガー・アフィリエイターです。年間の消費税課税対象の売上は 1,000 万円以下です。売上先は、Google（AdSense 収入）がメインで、その他日本国内の ASP 向けの売上となります。このたび、インボイス制度が始まると聞いて私のようなブロガー・アフィリエイターにも影響があるのか心配しています。私のような免税事業者でもインボイス発行事業者に登録したほうが良いのでしょうか。

A 現在の状況では、インボイス発行事業者に登録する必要はありません。

　免税事業者がインボイス発行事業者になる理由として、「仕入先が仕入税額控除をできるようになる＝取引を今後も続けやすくなる」という点が挙げられます。

　この相談例では、消費税の対象外に区分される Google AdSense による収入がメインなので、インボイスによる影響はほぼないと考えて良いでしょう。また、国内の ASP は、今後免税事業者に対して支払う場合仕入税額控除ができなくなるため、消費税分の報酬が減額される可能性があります。ただ、多くのブロガー・アフィリエイターへ報酬を支払っている ASP が免税事業者であることを理由に取引停止する可能性はなく、これまで通り取引は継続して行える

でしょう。

---

⑦ 暗号資産・NFT ビジネスにおけるインボイス制度の影響

Q 私は、暗号資産・NFT ビジネスを行っている個人事業主です。暗号資産は売買のほかステーキング、レンディング、Defi を行い、NFT はマーケットプレイスで転売をして利益を得ています。年間の売上は 1,000万円以下です。
このたび、インボイス制度が始まるということを聞き、暗号資産・NFT ビジネスをしている自分にとっても影響があるのか気になりました。インボイス発行事業者への登録を含め、何かアドバイスをいただければと思います。

現在の状況では、インボイス発行事業者に登録する必要はありません。 A

　まず、暗号資産の売買、ステーキング、Defi は消費税の対象外取引であるためインボイス制度の影響を受けません。
　一方、レンディングで得る利用料については、消費税の課税対象ですので、今後免税事業者に対して利用料を支払う暗号資産交換業者は仕入税額控除ができなくなり、納税負担が増えます。したがって、免税事業者へのレンディング利用料の報酬が減額される可能性はありますが、免税事業者を理由に取引が断られる可能性はないで

しょう。

　次に、NFT の売買についての消費税の課税対象となるかどうかの国内取引の判定は、

形　　態	区分と判定
①著作物の利用の許諾	電気通信利用役務の提供となり、役務の提供を受ける者の住所等
②著作物の利用権の移転	著作物の利用権の譲渡となり、譲渡を行う者の事務所等の所在地

と、2 つのケースで異なります。

　ただ、実際のところ NFT の販売者と購入者との間で契約を結んでいることは稀ですし、NFT のマーケットプレイスはグローバルに展開されているものがメインで、日本のインボイス制度には対応していません。特に①に該当する場合には、役務の提供を受ける者の所在地が明らかでないことがほとんどでしょう。今後は、マーケットプレイスの方で契約締結やインボイス登録番号がある場合に登録を義務付けるなど、対応が取られていくと考えられます。

　いずれにしても、現時点は免税事業者ですので影響は受けず、すぐにインボイス発行事業者になっていただく理由はありません。

デジタル資産の相続・贈与の相談

① 暗号資産の贈与

私は、暗号資産（ビットコイン）を所有しています。このままだと私が死んだ後に、子どもたちに多額の相続税が発生するのではと心配しています。
そこで、税金の負担がなるべく少なくなるように、生前にできることを教えて下さい。

贈与税の基礎控除額である 110 万円の範囲内で、毎年贈与することが考えられます。

　自身の資産を、無税で他人に移転させることができる方法としては、贈与税の基礎控除額（年間 110 万円）を活用した贈与が挙げられます。贈与税は、年間における贈与額が 110 万円未満であれば、課されません。したがって、年間 110 万円の範囲内で暗号資産を贈与することにより贈与税が課されることなく移転させることができます。ただし、2023 年度の税制改正にて生前贈与加算が 3 年から 7 年に延長されており、110 万円を活用した節税策がしづらくなる可能性もあります。相続開始までにそこまで時間がないと見込まれるのであれば、110 万円にこだわらずに贈与をし、贈与

税の申告をする方法も有効でしょう。

　暗号資産の贈与をするにあたっては、以下2点に注意します。

（1）贈与時における暗号資産の評価額

　暗号資産は、価格変動性の大きな資産です。贈与時の評価額の記録をきちんと残すことが重要です。110万円以内に収めたいのであれば、贈与をした日における評価額（取引所のレートなどを使って計算した金額）が110万円以内に収められるか、慎重に検討する必要があります。証拠のデータ（送金履歴、取引日の価額）も残しておきます。

（2）贈与契約書の作成

　贈与は、贈与をした人、贈与を受ける人がお互い「これは贈与だ」ということを認識する必要があります。したがって、身内同士のやりとりであっても、「贈与契約書」等の書類を作成して、各自署名捺印の上、保管をします。税務調査などがあったときに証拠書類として活用することができます。

② パスワードがわからない暗号資産の相続

Q　私が保有している暗号資産は、すべてハードウォレットに保存されています。私の死後、パスワードが遺族に伝わるよう準備はしていますが、不測の事態により開けられない可能性もゼロではありません。
この状況でも、暗号資産は相続財産ということで課税の対象となるのでしょうか？

> パスワードがわからなくて開けられないウォレットに保存している暗号資産であっても、相続財産として課税の対象となると考えられます。

　相続税のかかる「財産」とは、被相続人が亡くなった日にもっていた、金銭で見積もることのできるすべての財産です。

　政府は、パスワードがわからない場合の暗号資産について言及しています。2018年3月23日に行われた参議院の財政金融委員会において、「パスワードとの関係でございますが、一般論として申しあげますと、相続人が被相続人の設定したパスワードを知らない場合であっても相続人は被相続人の保有していた仮想通貨を承継することになりますので、その仮想通貨は相続税の課税対象となるという解釈でございます。（略）パスワードを知っている、知っていないというようなパスワードの把握の有無というのは、当事者にしか分からない、言わば主観の問題ということになってしまいます。（略）したがって、現時点において、相続人の方からパスワードを知らないという主張があった場合でも、相続税の課税対象となる財産に該当しないというふうに解することは課税の公平の観点から問題があり、適当ではないというふうに考えております。」との見解が示されています。つまり、パスワードがわからない暗号資産でも、相続税の対象となる可能性があるということです。

　ウォレットに保管してある暗号資産は、取引所からウォレットへの送付履歴、現在のレートを確認することによって、評価額をおおよそ確認することができるため「金銭で見積もることのできる財産」といえるでしょう。したがって、存在を確認できた場合には、たとえそれが開けられないとしても、相続財産として相続税のみ発生す

る可能性があります。相続人が享受できない財産に対して相続税が課されることは不合理なことではありますが、パスワード不明ということだけで相続財産から外してしまうと、前述した通り課税の公平性から問題があります。このようなことにならないために、生前からパスワードを確実に遺族と共有できる仕組みを作っておくと良いでしょう。

③ ブログサイト・アフィリエイトサイトの相続

Q 故人のデジタル遺産のなかに、運用しているブログサイト・アフィリエイトサイトを発見しました。遺言書には死後も引き継いでほしい旨と、契約の名義変更手続の方法も書かれていました。このブログサイト・アフィリエイトサイトからは毎月数百万の収入が発生しています。
この場合、当ブログサイト・アフィリエイトサイトは相続財産として相続税の課税対象となりますか？　その場合の評価はどのように行えば良いでしょうか？

相続財産として相続税の課税対象となる可能性があります。
財産の評価は、著作権・営業権の評価を参考に行う方法が考えられます。

　相続税は、故人が死亡時に持っていた財産に対して課税されます。この財産には、現金、預貯金、有価証券等のほか貸付金、特許権、

著作権等の金銭に見積もることができる経済的価値のあるすべての
ものが含まれます。収益を生み出しているブログサイト・アフィリ
エイトサイトは、本来はあくまでアカウント単位での利用権ではあ
るものの、収益を生み出す財産価値があるものといえますので、相
続人が引き継ぐ場合、相続税の課税対象になる可能性があります。

　ただ、これまでにない、あらたな財産ですので、その評価方法は
明確ではありません。

　ひとつの考え方は、文章・画像・動画等を構成する Web サイト
の特徴を考慮し、著作権として評価する方法です。しかし、著作権
の評価に必要な要素である「印税」がないため、代わりに年平均の
収入金額を使って計算する方法が考えられます。もうひとつは、そ
のブログサイト・アフィリエイトサイトを引き続き運営していくこ
とを前提として、営業権として評価する方法が考えられます。

　今後このようなケースが増えると考えられますので、何らかの指
針が国税庁から公表されることが望まれます。

第5節 デジタル化に関する相談

① クラウド経費精算ソフトを使っている場合の
領収書の保存

Q 当社では、クラウド経費精算ソフトを使っています。
クレジットカード・電子マネー利用分は外部からデー
タで当ソフトへ取り込んでいます。取り込んだデータ
へのファイル添付機能があるため、利用明細のスキャ
ンデータを取引へ添付し、紙のレシートは捨てていま
す。当社は、消費税の課税事業者です。
この方法になにか問題はありますか？

A お使いのクラウド経費精算ソフトが、電子取引保存、
スキャナ保存のいずれも要件を満たしているのであれ
ば、問題ありません。クレジットカード・電子マネー等
のデータをクラウドシステムを通じて取り込む取引は、
電子取引に該当します。そのクラウド経費精算ソフトが、
データの訂正または削除を行った事実を確認すること
ができるシステム（訂正または削除を行うことができ
ないシステムを含みます）であれば、データを取り込ん
で保存することによって電子取引の保存の要件を満
たします。一方、紙の利用明細が発行される取引をデー

タで保存するためには、タイムスタンプ等のスキャナ
保存の要件を満たすことが必要です。

　2020年度の税制改正により、電子取引の保存措置の要件が大幅
に緩和されました。これまでは、タイムスタンプの付与または正当
な理由がない訂正または削除の防止に関する事務処理規程の備付け
および運用が必要だったのですが、データの訂正または削除を行っ
た事実を確認することができるシステム（訂正または削除を行うこ
とができないシステムを含みます）にデータを取り込んで保存する
ことによって、電子取引の保存の要件を満たすことになりました。
　ただ、これはあくまで電子帳簿保存法の電子取引の保存要件です
ので、消費税の仕入税額控除の要件は、別に考える必要があります。
2023年7月現在は、紙の領収書が発行されない電子取引を行っ
た場合など、やむを得ない理由がある場合のみ帳簿保存だけで消費
税の仕入税額控除が認められますが、2023年10月1日以降はイ
ンボイスの項目が含まれたデータの保存が必要です。
　一方、店舗等でクレジットカード、電子マネー等を使って支払い
を行った場合、紙の利用明細が発行されるため、紙の領収書等を得
られないやむを得ない理由に該当しません。したがって紙の利用明
細をデータで保存するためには、別途スキャナ保存（スキャナで紙
を読み取ってデータで保存すること）の申請が必要です。これによ
り、スキャンしたデータを紙同等のものとして扱うことができます。
スキャナ保存を申請しないのであれば、利用明細は紙で残しておく
必要があります。
　なお、2023年10月1日以降は、原則としてインボイスの必要
事項が記載された紙またはデータが、消費税の仕入税額控除に必要
です。ただし、一定の規模（基準期間の課税売上高が1億円以下

または特定期間における課税売上高が5,000万円以下）の事業者に限り、税込1万円未満の課税仕入れについてはインボイスの保存が不要とする特例（少額特例）もできています。少額の決済が多い事業者は、この特例を利用して、インボイスの保存の手間を少なくする方法も有効でしょう。

② 電子取引で売上を上げている場合のデータの保存

Q 当社は、オンラインセミナー開催を主な業務としています。代金決済は、決済代行事業者を通じてすべてインターネット上で行っています。決済が行われると、申し込んだ人に領収書データが送られる仕組みです。また、決済代行事業者の売上データはクラウド会計ソフトに取り込まれ、半自動的に売上処理をしています。なお、当社は消費税の課税事業者です。
このように紙の請求書が一切発行されない場合、どのようなデータを保存すれば良いでしょうか？
また、インボイス制度に向けた対策があれば、教えてください。

データの訂正または削除を確認できる（訂正または削除ができないものも含みます）クラウド会計ソフトにデータを取り込む場合には、取り込んだデータ以外に保存すべきデータはありません。
また、その決済代行事業者が、インボイスの記載事項を含んだデータを提供できるか、事前に確認したほうが良いでしょう。

　決済代行事業者など、ASP を介した取引は電子取引に該当するため、データのまま保存することが原則となります。なお、データの訂正または削除を確認できる（訂正または削除ができないものも含みます）クラウドサービス（クラウド会計ソフト）を通じてデータを取り込んでいる場合には、電子取引の保存要件を満たすことになりますので、ASP からあらたにデータをダウンロードして保存する必要はありません。

　なお 2023 年 10 月から始まるインボイス制度は、インボイス（適格請求書）を電子化して提供した場合（電子インボイス）には、そのデータまたは出力したものを、要件を満たした上で保存する必要があります。電子インボイスの保存要件は、電子帳簿保存法の電子取引保存と同じです。ASP がインボイスのフォーマットに対応可能か、事前に確認しておいたほうが良いでしょう。

Q 個人事業主として活動しています。このたび、NFTの売買も事業の一部として行うことになりました。NFTの売買はマーケットプレイスで行うこともありますが、個人間のウォレットで直接売買するときもあります。また、ブロックチェーンゲームで購入したNFTもあります。この場合、税務調査に備えてどんなデータを保存しておけば良いでしょうか。

トランザクションの履歴など、取引の日時、金額、内容がわかるデータを保存します。 **A**

　NFTの売買取引は、すべて電子取引に該当するため、検索要件に必要な項目（日付、取引先、金額）を満たした上でデータのまま保存する必要があります。NFTの売買はマーケットプレイス、個人間のウォレット、ブロックチェーンゲーム内などさまざまなところで行われますので、それぞれ要件を満たすような形で保存が必要です。

　マーケットプレイスでNFTを取引する場合、Webウォレットと連携することが通常であるため、Webウォレットの履歴を保存すれば良いでしょう。そのほか、ブロックチェーン上の取引の承認状況やデータ履歴を確認できるサイト（たとえば、イーサリアムネットワークだったらEtherscanなど）を活用する方法もあります。ブロックチェーンゲームの場合にも、取引履歴を確認できる機能があることが通常ですので、データのまま保存します。

著　者

戸村 涼子

税理士。戸村涼子税理士事務所代表。フリービズコンサルティング合同会社代表社員。

生まれは東京・四ツ谷。大学卒業後、外資系企業、上場企業、税理士法人を経て2016年4月に横浜で独立開業を果たす。主に中小企業社長、フリーランス向けにクラウド会計ソフト導入・運用支援、税務サポートを行っている。得意分野は、ネットビジネス、暗号資産、非居住者の税務。その他、RPA（Robotic Process Automation）、デジタル化などの業務効率化に力を入れている。HP・ブログにて積極的な発信を行っている。雑誌寄稿も多数。

著書に、『十人十色の「ひとり税理士」という生き方』（大蔵財務協会、2018、共著）、『会計と決算書がパズルを解くようにわかる本』（日本実業出版社、2018）、『ネットビジネスの仕組みと税務』（第一法規、2019）、『所得税申告に係る資料の収集と分析』（税務経理協会、2020）、『クラウド会計を活用した電子帳簿保存法対応の実務』（日本法令、2023）等がある。

事務所 HP
https://tomurazeirishi.com/

個人ブログ
https://rtomura-taxacc.com/

改訂版 デジタル資産と電子取引の税務　　令和 5 年 10 月 1 日　初版発行

検印省略

〒 101-0032
東京都千代田区岩本町 1 丁目 2 番 19 号
https://www.horei.co.jp/

著　者	戸　村　涼　子
発行者	青　木　鉱　太
編集者	岩　倉　春　光
印刷所	日 本 ハ イ コ ム
製本所	国　　宝　　社

（営　業）	TEL　03 - 6858 - 6967	E メ ー ル	syuppan@horei.co.jp
（通　販）	TEL　03 - 6858 - 6966	E メ ー ル	book.order@horei.co.jp
（編　集）	FAX　03 - 6858 - 6957	E メ ー ル	tankoubon@horei.co.jp

（オンラインショップ）	https://www.horei.co.jp/iec/
（お 詫 び と 訂 正）	https://www.horei.co.jp/book/owabi.shtml
（書 籍 の 追 加 情 報）	https://www.horei.co.jp/book/osirasebook.shtml

※万一、本書の内容に誤記等が判明した場合には、上記「お詫びと訂正」に最新情報を掲載
　しております。ホームページに掲載されていない内容につきましては、FAXまたはEメー
　ルで編集までお問合せください。

税理士業務、企業実務に役立つ情報提供Webサービス

税理士情報サイト

Tax Accountant Information Site

https://www.horei.co.jp/zjs/

税理士情報サイトとは

「業務に役立つ情報を少しでも早く入手したい」
「業務で使える規定や書式を手軽にダウンロードしたい」
「日本法令の商品・セミナーを割引価格で利用したい」
などといった税理士の方のニーズにお応えする、
"信頼"と"実績"の総合 Web サービスです。

税理士情報サイト
Tax Accountant Information Site

税理士情報サイトの

1 税理士業務書式文例集

税理士事務所の運営に必要な業務書式はもちろん、関与先企業の法人化の際に必要となる定款・議事録文例、就業規則等各種社内規程、その他税務署提出書式まで、約500種類の書式が、編集・入力が簡単なWord・Excel・Text形式で幅広く収録されています。

●主な収録書式
各種案内・挨拶文例／業務処理書式／決算処理書式／税務署提出書式／労務書式／身元保証書等書式／取締役会議事録／株主総会議事録／売買契約書文例／賃貸借・使用貸借契約書文例／金銭消費貸借契約書文例／税理士法人関係書式／会計参与関係書式 ほか多数

2 ビジネス書式・文例集

企業の実務に必要となる書式、官庁への各種申請・届出様式、ビジネス文書、契約書等、2,000以上の書式・文例をWEB上でダウンロードすることができます（Microsoft Word・Microsoft Excel・PDF形式）。

●主な収録書式
社内外で必要とされるビジネス文書約600文例／契約書約270文例／内容証明約470文例
会社規定19文例／各種申請書約800書式

3 電子書籍の無料提供

税理士にとって日頃の情報収集は必要不可欠。そこで、税理士情報サイトの有料会員向けに、年間に数冊、日本法令発刊の税理士向け書籍のWEB版（PDFファイル形式）を無料提供します。

4 ビジネスガイドWEB版

会社の総務・経理・人事で必要となる企業実務をテーマとした雑誌「月刊ビジネスガイド」のWEB版を無料で購読できます。

https://www.horei.co.jp/zjs/

お役立ちコンテンツ

⑤ 税理士向け動画セミナー

無料会員向けの「セレクト動画」、有料会員向けの「プレミア動画」で、著名な税理士、弁護士、学者やその道のプロが、タイムリーなテーマを深く掘り下げてレクチャーします。いつでも時間が空いた時に視聴可能です。

⑥ 税制改正情報ナビ

毎年度の税制改正に関する情報を整理し、詳しく解説します。税制改正に関する日々のニュース記事の配信と、日本法令刊『よくわかる税制改正と実務の徹底対策』WEB版、さらにはその著者による詳細な解説動画で、いち早く今年度改正の要点を押さえましょう！

⑦ 税務判決・裁決例アーカイブ

税理士業務遂行上、さまざまな税務判断の場面で役立てたいのが過去の税務判決・裁決例。ただ、どの事例がどこにあるのか、探すのはなかなか一苦労だし、イチから読むのは時間がかかる…。そこで、このアーカイブでは「キーワード検索」と「サマリー」を駆使することで、参照したい判決・裁決例をピンポイントで探し出し、スピーディーに理解することが可能となります。

⑧ モデルフォーム集

税理士業務におけるチェック漏れによるミスを未然に防ぐため、さまざまな税務のチェック表、確認表、チェックリストほか、日常業務で活用できるオリジナルのモデルフォーマットを提示します。

⑨ 弊社商品の割引販売

日本法令が制作・販売する書籍、雑誌、セミナー、DVD商品、様式などのすべての商品・サービスをZJS会員特別価格〈2割引き〉で購入できます。高額な商品ほど割引額が高く、お得です！